厉害坏了的科学
学问满当当

包罗万象的酷知识

【英】史蒂夫·马丁 (Steve Martin) 等 著
【英】安德鲁·平德 (Andrew Pinder) 图

张珍真 译

上海科技教育出版社

 # 领先一步

想必你有过这样的经历：课堂上其他同学都不知道的知识点，只有你知道。这种感觉是不是很酷？

这本书里有很多有趣的知识，而且很多还是老师在课堂上没有讲过的（当然有些也可能已经讲过了）。

来吧！本书中有世界上所有国家及其首都的名字；有关于黑洞、冷战的知识；甚至还有太平洋岛上漂浮着的"塑料岛"的传奇。

本书中不仅有不少历史、地理、数学和科学小知识，还有文学和语言等方面的知识，无疑能有助于你提高写作能力。

无须长篇累牍，只需这薄薄一本书，你便能成为小小"百事通"。不用太久时间，你就能用100个冷知识令朋友和家人对你刮目相看，令同学仰慕不已了！

目　录

文学 / 1
莎士比亚 / 2
诗人角 / 8
经典名著 / 11

音乐与艺术 / 19
音乐简史 / 20
艺术世界 / 23

语言 / 27
词类 / 28
连词成句 / 33
特殊术语 / 36
发音 / 39
修辞手法 / 41

世界各国的语言 / 44

古典学 / 47

古典学浅尝 / 48

古代语言 / 52

世界七大奇迹 / 54

神话故事 / 56

历史 / 61

英国国王和女王们 / 62

征服者 / 67

探索地球 / 68

英国首相 / 69

内战四起 / 72

战火纷飞 / 73

历任美国总统 / 75

机密事件 / 80

冷战有多"冷" / 81

地理知识 / 83

大洲、国家和首都 / 84

美国 / 96

最高、最大和最长 / 99

地貌的形成和变迁 / 102

水循环 / 105

天气和气候 / 106

人为影响 / 108

地质年代简述 / 110

数学 / 113

数里乾坤 / 114

一连串数学问题 / 117

比较和对比 / 118

奇怪的数字 / 120

精确测量 / 123

走进几何 / 125

神奇的代数 / 127

机会有多少 / 129

数学大师 / 131

科学知识 / 135

物理入门 / 136

运动定律 / 137

电和磁 / 139

宇宙和时空 / 140

引力和黑洞 / 141

化学快餐 / 142

元素周期表 / 145

化合物 / 148

生物学入门 / 150

人体皮肤之下 / 151

微生物 / 154

你从哪里来 / 155

文学

莎士比亚

吟游诗人威廉·莎士比亚创作了不少著名的戏剧和诗歌。他既写喜剧也写悲剧,还有一些是涉及社会及道德等方面的"问题剧"。"问题剧"既不属于悲剧也不属于喜剧,但同样很有意思。下面是莎士比亚创作的一些著名戏剧的简介,有助于你在亲临剧院观赏之前,就能够了解其剧情梗概。

《哈姆雷特》

一天晚上,国王的灵魂现身在哈姆雷特面前告诉他,克劳狄斯正是谋杀自己的凶手。国王请求哈姆雷特为自己报仇,但哈姆雷特想要先找到谋杀的证据。为了寻找证据,哈姆雷特假装自己因为痛苦而疯癫,并在克劳狄斯面前上演了一出戏,内容与老国王被谋杀的事件一般无二。看到这出戏,克劳狄斯表现得十分不安,因此哈姆雷特确信,他就是谋杀老国王的凶手。

哈姆雷特前往母亲的房间与她对质。他以为听到了克劳狄斯躲在窗帘后,于是挥剑向他刺去。不幸的是,他刺死的不是克劳狄斯,而是波洛尼厄斯。波洛尼厄斯是哈姆雷特爱人奥菲利娅的父亲。得知这一不幸的消息后,奥菲利娅伤心得疯了,自溺身亡。

这些事件导致了又一连串的复仇行动。这次,波洛尼厄斯的儿子雷欧提斯决心惩罚哈姆雷特。克劳狄斯为哈姆雷特和雷欧提斯举行决斗,但他赐予雷欧提斯的剑其实淬了毒,哈姆雷特若被刺中必死无疑。

雷欧提斯确实刺中了哈姆雷特，且哈姆雷特伤得很重，但在决斗过程中两人曾无意间交换了剑。随后，受伤的哈姆雷特用淬了毒的剑刺伤了雷欧提斯。

受伤的哈姆雷特又刺中了克劳狄斯。与此同时，他的母亲误饮了哈姆雷特为克劳狄斯准备的毒酒。最终，雷欧提斯、哈姆雷特、哈姆雷特的母亲和克劳狄斯全都死了——这实在是一个悲伤的结局。

《无事生非》

王子唐·彼德罗及克劳狄奥、培尼狄克从战场归来，受总督里奥那托之邀逗留于梅西那市。在这里，克劳狄奥遇到了曾经的恋人——里奥那托的女儿希罗。里奥那托的侄女贝特丽丝和培尼狄克之间永远在争吵，这令克劳狄奥和希罗几乎要崩溃。于是克劳狄奥和希罗决定戏弄两人，他们设法令贝特丽丝相信培尼狄克爱她，同时令培尼狄克相信贝特丽丝爱他。与此同时，唐·彼德罗同父异母的恶毒的弟弟唐·约翰，则设法令克劳狄奥相信希罗爱的其实是别人。克劳狄奥怒不可遏，在婚礼当天弃希罗而去。

最终，克劳狄奥发现真相，培尼狄克与贝特丽丝之间也由欢喜冤家变为真心恋人。四人共同举办了婚礼。

《罗密欧与朱丽叶》

罗密欧与朱丽叶来自两个对立的家族——蒙太古家族和凯普莱特家族。罗密欧在朱丽叶的家族宴会中首次见到朱丽叶，并对她一见钟情。在劳伦斯神父的见证下，两人秘密成婚。然而，朱丽叶的表哥提伯尔特对于罗密欧在宴会中的不请自来大为恼怒，提出要与他决斗。罗密欧拒绝了决斗，由朋友茂丘西奥代为参加。不幸的是，茂丘西奥在决斗中死去。为了替友报仇，罗密欧刺死了提伯尔特。不过，作为惩罚，罗密欧被流放，只得与朱丽叶暂时分开。

悲剧并未就此结束。朱丽叶的家族不知道她秘密成婚的事，安排她与表哥帕里斯伯爵结婚。为了使朱丽叶免于重婚，嫁给不想嫁的人，劳伦斯神父想到了一个主意。

按计划，朱丽叶先喝下一杯假死药，罗密欧再赶回来将她从墓中救起。不幸的是，计划出错，原本罗密欧应该收到一封信，并被告知朱丽叶并未死亡，只是在墓中沉睡。可是，这封信被送丢了。罗密欧回到家中，以为爱妻已死。伤心欲绝的他自杀身亡，而朱丽叶醒来后得知此事，也殉情而死。

蒙太古家族和凯普莱特家族终于化解了仇恨，但对于罗密欧和朱丽叶而言，一切已经太迟。

现在，你该知道了什么是悲剧了。

文　学

《麦克白》

许多人不愿意直接说出这部戏剧的剧名，而是以"那出苏格兰剧"来隐晦地称呼。传说这部戏剧不吉利，很多演员会有意避免说这个带M的单词，以免发生不幸。

在这部戏的开头，麦克白将军和朋友班柯为苏格兰国王邓肯征战，凯旋途中，他们遇到三个女巫姐妹。她们告诉麦克白，他将成为考特爵士，随后成为苏格兰国王。然而，她们也预言班柯的儿子将继承王位，而非麦克白的儿子。后来，麦克白果真成为考特爵士。于是，他和野心勃勃的麦克白夫人决意谋杀邓肯国王，以便加快预言实现的进程。如愿成为国王的麦克白并不就此满足，因为他知道班柯的儿子会继承王位，而非其儿子。因此他又谋杀了班柯，所幸的是班柯的儿子顺利逃脱。后来，班柯的冤魂现身，麦克白夫人受到惊吓，先疯后死。

女巫三姐妹又给了麦克白一个预言：他将一直担任国王，直到伯南森林向他移动，并来到他的城堡邓斯纳恩。这一预言令麦克白自认为高枕无忧。然而，邓肯的儿子马尔康以伯南森林的树枝作为伪装，率领军队攻打城堡。麦克白最终被杀死。

《奥赛罗》

这部戏讲的是嫉妒如何毁掉了浪漫的爱情。奥赛罗是一位勇敢的将军,他与元老的女儿苔丝狄蒙娜相爱并秘密结婚。然而,他的一个敌人不久就密谋加害于他。

奥赛罗提拔了年轻人凯西奥为副将,而没有提拔另一位年长的手下伊阿古。伊阿古妒火中烧,遂决意报复。他令奥赛罗相信凯西奥与苔丝狄蒙娜有染。他还让奥赛罗偷听到凯西奥谈论自己爱上一个女人,便误以为他爱上的就是自己的妻子苔丝狄蒙娜。随后,伊阿古设计藏到凯西奥房中的苔丝狄蒙娜的手帕被发现,奥赛罗愈加怒不可遏。

苔丝狄蒙娜天真无辜,什么也没有做错,而奥赛罗却因嫉妒杀死了她。最终,伊阿古的阴谋败露,奥赛罗悲愤交加,自杀身亡。

所以,如果你陷入爱情,一定要记得这部戏的警示:嫉妒会使人发狂!

《暴风雨》

痴迷魔法的普洛斯彼罗被弟弟安东尼奥篡位，携女儿米兰达出海流亡。在长达12年的时间里，他们居住在一个拥有魔法的荒岛上，只有两个仆从相伴——一个是精灵爱丽儿，另一个则是巫师奇丑无比的儿子凯列班。

安东尼奥在那不勒斯国王阿隆佐的帮助下成功篡位，窃取了普洛斯彼罗的米兰公爵头衔。本剧从一场暴风雨开场，这场暴风雨由普洛斯彼罗施魔法而引发，摧毁了安东尼奥和阿隆佐乘坐的正途径小岛的船只。

两位幸存者挣扎上岸时，爱丽儿帮助普洛斯彼罗复仇，对安东尼奥和阿隆佐进行了折磨。与此同时，阿隆佐的儿子斐迪南却与米兰达相遇、相爱。

最终，普洛斯彼罗、安东尼奥和阿隆佐重修旧好。普洛斯彼罗恢复了公爵头衔，大家一起离开了荒岛。这时，一阵和煦的风（来自爱丽儿的最后礼物）将他们送回了家。在那里，米兰达和斐迪南举行了婚礼，最终统一了米兰和那不勒斯。

诗 人 角

诗歌无处不在——在广播的歌曲里有，在电视广告标语里也有。下面为你介绍一些史上著名的诗人及其代表作品，希望你会喜欢。

威廉·莎士比亚

莎士比亚虽然以戏剧作品闻名，但他同时也是伟大的诗人，著有超过100首的十四行诗。其中，有一首流传甚广，其第一句是：我怎么能够把你来比作夏天？

塞缪尔·泰勒·柯尔律治

柯尔律治最著名的诗歌，中文译为《老舟子咏》《老水手之歌》或《老水手谣》。这是一首神秘而可怖的诗歌，讲述了一名水手无端杀死了象征好运的信天翁，并由此遭受厄运的故事。

托马斯·斯特尔那斯·艾略特

艾略特的作品有些是写给成人的，例如《荒原》，也有一本是写给儿童的诗集《擅长假扮的老猫经》。著名的百老汇音乐剧《猫》的灵感就来源于该书。

文　学

沃尔特·惠特曼

惠特曼是美国诗人,其一生大部分时间都在打磨其诗集《草叶集》。他在去世不久前仍在不断再版该诗集。

拉迪亚德·吉卜林

吉卜林著有《丛林之书》和《原来如此的故事》。他的诗作《如果》当选1995年英国最受欢迎的诗歌。

维尔弗莱德·欧文

欧文在第一次世界大战期间参军,他的许多作品表达了对残酷战争的愤怒,例如《青春挽歌》。欧文死于1918年,此时离战争的结束仅一周之遥。

爱德华·利尔

爱德华·利尔的代表作为《猫头鹰和小猫》。在这部作品中,利尔创作了许多奇异有趣的角色:没有脚趾的Pobble,戴着奇怪帽子的Quangle-Wangle和鼻子会发光的Dong。

约翰·贝杰曼

贝杰曼的诗作中充满了对过去时光的回忆,也充满了幽默和隐喻,如盆栽棚、网球、橘子果酱、海滩和铁路。在作品《哈罗自治市》中,他把伦敦西北部的一片区域描绘为屋顶的海洋,把火车的隆隆声比作海浪。

文 学

经典名著

书店或图书馆中有许多故事书，如魔法故事、幻想故事、海盗故事、沉船故事，还有关于遥远过去和遥远国度的故事。或许，你唯一烦恼的，就是决定到底要看哪一本。这里有一份快速指南，我们为你列出一些非常适合儿童阅读的文学作品，你应该很容易就能找到。

如果你阅读了并喜欢这些书，那么每一本介绍下面的延伸阅读建议你可能也会喜欢。

《绿野仙踪》

作者：莱曼·弗兰克·鲍姆

提到《绿野仙踪》，人们往往首先想到的是那部音乐剧电影，不过其原著也很值得一读。你会发现书中有许多电影未曾呈现的情节。你可能会感到惊讶，作者鲍姆撰写的《绿野仙踪》系列共有14本之多，因此可读的内容很多。第一本书描述的就是电影的开场部分——女孩多萝西被龙卷风从位于堪萨斯州的家中卷走，来到了叫作"奥兹"的神秘国度。在这里，她遇到了锡人、胆小狮和稻草人。他们一同前往翡翠城寻找奥兹男巫，只有男巫能帮多萝西回家。

延伸阅读：

《纳尼亚传奇》，作者：C. S. 刘易斯。

《野性的呼唤》

作者：杰克·伦敦

本书的主角小狗巴克原本住在农场，过着舒适的生活。后来它被卖到美国北部寒冷偏僻的雪地，成为一只雪橇犬。巴克很快便适应了新的生活，成为雪橇犬中的领头犬。然而，这些雪橇犬又被卖给了一群毫无经验的挖矿者，以至于情况变得很糟糕。

一位叫作约翰·桑顿的人救了巴克。他们之间结下了深厚的友谊。不过，尽管如此巴克还是发现"野性的呼唤"（自然本能）难以抗拒。

延伸阅读：

《采石场里的洞穴人》，作者：克莱夫·金。

文 学

《慕理小镇》

作者：J. 米德·福克纳

这个故事发生在一个名为慕理小镇的渔村，那里住着一个 15 岁的少年约翰·特伦查德。少年和一个叫埃尔塞维尔的走私者一起发现了海盗"黑胡子"遗落的钻石。但是，他们中了圈套，弄丢了钻石，而且在试图偷回钻石的时候被逮捕，并被判终身监禁。

10 年的牢狱生涯后，他们被带上了一艘船。一场可怕的暴风雨为他们提供了千载难逢的逃脱机会……

延伸阅读：

《失踪的第九军团》，作者：罗斯玛丽·萨克利夫。

《汤姆·索亚历险记》

作者：马克·吐温

在美国南部靠近密西西比河的一个小村庄里，住着汤姆·索亚和他的朋友们。这群淘气的孩子当上了海盗，乘船来到河中的一个小岛

上。孩子们的家人以为他们已经溺亡,而他们却偷偷摸摸回了家,在自己的葬礼上现身!不过,随着汤姆和朋友哈克贝里·芬恩目睹了一场谋杀,事情变得扑朔迷离……

延伸阅读:

《哈克贝里·芬恩历险记》,作者:马克·吐温。

《绿山墙的安妮》

作者:露西·莫德·蒙哥马利

已经成年的卡思伯特兄妹马修和马丽拉决定从孤儿院领养一个男孩,以便帮助他们在一个叫作绿山墙的农场干农活。然而,孤儿院送来的却是一个名叫安妮的女孩。兄妹俩收留了安妮,并且渐渐喜欢上她。可是,安妮生性活泼、想象力天马行空,惹出不少麻烦。在学校里,安妮与名叫吉尔伯特·布莱思的男孩为了争夺第一名,引发了一连串的争吵。书中关于"发脾气"的桥段描写十分出彩。

延伸阅读:

《波莉安娜》,作者:埃莉诺·H.波特。

文 学

《柳林风声》

作者：肯尼斯·格雷厄姆

鼹鼠第一次来到河边，与水鼠、蛤蟆、老獾成为朋友，并开启了一连串的冒险。首先是蛤蟆因为偷窃摩托车而遭逮捕入狱。后来他设法乔装打扮越了狱。不过，当它回到家时，却发现他的房子蛤蟆花园被一群雪貂和鼬鼠霸占了。于是，他和朋友们一起奋力夺回了蛤蟆花园。

读完本书，你一定会对当地的河岸有别样的感受！

延伸阅读：

《水獭塔卡》，作者：亨利·威廉姆森。

《奇幻森林》

作者：拉迪亚德·吉卜林

这是一套丛书，其中的一册《莫格利的兄弟》后来被改编为经典动画片《奇幻森林》。故事的主人公是一个从小在森林长大的男孩，另外还有想要杀掉他的老虎希尔汗、智慧的黑豹巴希拉、懒惰的棕熊巴鲁和狡猾的巨蟒卡。

同系列的书还包括：《瑞奇—提奇—嗒喂》，讲述了一只獴从眼镜蛇手中救出家人的故事；《大象拖麦》，讲述了一个小男孩见证了大象跳舞的传奇经历。

延伸阅读：

《海底沉舟》，作者：理查德·亚当斯。

《木偶奇遇记》

作者：卡洛·科洛迪

一位名叫杰佩托的老人从木匠谢里大师那里得到一块木头。他把木头雕刻成一个木偶，并给他起名匹诺曹。匹诺曹是个调皮的木偶，

文　学

到处惹是生非。即使你已经看过动画片版本的《木偶奇遇记》也没关系，书中还有许多其他情节有待你去发掘。木偶匹诺曹经历了很多事情：被变成驴子、被鲨鱼吞进肚子、老父亲杰佩托生病等。最终，在蓝发仙女的帮助下，匹诺曹意识到：他表现得越好，获得的回报就越多。

延伸阅读：

《斯凯利格鸟》，作者：大卫·阿尔蒙德。

《金银岛》

作者：罗伯特·路易斯·史蒂文森

《金银岛》可以说是有史以来情景最为跌宕起伏的冒险作品之一，讲述了少年吉姆·霍金斯得到藏宝图后，启程前往伊斯帕尼奥拉岛寻找宝藏的故事。在海上，吉姆发现船上的厨子约翰竟然是海盗头子，而船上其他许多船员则是其潜伏的手下。在抵达金银岛时，双方展开了激烈的厮杀。

延伸阅读：

《海底两万里》，作者：儒勒·凡尔纳。

学问满当当

《小妇人》

作者:路易莎·梅·奥尔科特

这是一部作者根据亲身经历写的小说。书中讲述了马奇家的四姐妹:梅格、乔、贝丝和艾美的故事。故事的背景为美国南北战争时期,四姐妹的父亲身为军中牧师,离家在外。马奇姐妹生活贫困,但坚强乐观。随着四姐妹的长大,她们的冒险故事和爱情故事也随之展开。

延伸阅读:

《爱玛》,作者:简·奥斯丁。

音乐与艺术

音乐简史

欧洲和美国的古典音乐史可以分为几个阶段,每个阶段都有各自独特的风格和代表人物。下面简单介绍的是音乐史上的重要阶段。

中世纪时期

这一时期流传至今的作品多为宗教音乐——尤其是格里高利圣咏(罗马天主教会正式礼拜仪式中所吟唱的单旋律圣歌)。这一旋律是以6世纪格里高利教皇的名字命名的。"单旋律圣歌"意味着每位参与演唱的人员均以同一旋律演唱。

文艺复兴时期

中世纪时,在古希腊和古罗马时代获取的知识没有得到很好的传承。于是,文艺复兴(意思是重生)于14世纪在意大利拉开了帷幕。这一时期,人们重新开始思考科学、艺术和文化,音乐也成为娱乐和宗教的重要组成部分。甚至英国国王亨利八世也亲自作曲。虽然不停地忙于结婚、离婚和将妻子们砍头,但他自己确实也创作了

不少朗朗上口的民谣。不过，传闻由亨利八世谱写的《绿袖子》并非真的是由这位国王创作的。

巴洛克时期

在巴洛克时期（约 1600—1750 年），制造乐器的技艺已经十分复杂娴熟。这使得这一时期的音乐家们能创作出更有趣的音乐作品。这一时期的作曲家包括汉德尔、维瓦尔第、巴赫等。维瓦尔第的作品有几百首之多，其中小提琴协奏曲《四季》最为人熟知，该作品生动地描绘了一年里四季更替的情景。

古典时期

古典时期的范围从 18 世纪中叶至 1820 年左右。这一时期的代表人物包括：莫扎特、海顿、舒伯特、贝多芬等。贝多芬晚年逐渐丧失听力，最后几年甚至完全失聪，但他没有放弃作曲。当贝多芬的《第九交响曲》在 1824 年首次演出时，坐在乐队中间背对着观众的他已经完全无法听见观众的掌声。直到一位音乐家拉起他面对观众时，他才知道观众们正在热烈地鼓掌。

浪漫主义时期

贝多芬的《第三交响曲》（《英雄交响曲》）完成于 1804 年，开创了浪漫主义交响曲的先河。到贝多芬 1827 年去世时，浪漫主义时期已经发展繁荣，并持续到 20 世纪。这一时期的作曲家包括施特劳斯、威尔第和普契尼等。他们均因为作品广受欢迎而成为富翁。演奏技艺娴熟的独奏家们也同样成为家喻户晓的明星，这其中就包括拥有"魔鬼"之称的帕格尼尼——之所以有这个称号，是因为他能够完成难度极高的演奏。

20 世纪

20 世纪同样诞生了许多伟大的作曲家，如普罗科菲耶夫、绍斯塔科维奇、格什温和科普兰等。俄罗斯作曲家伊戈尔·斯特拉温斯基曾为许多风靡一时的芭蕾舞剧谱曲，其中的《春之祭》在巴黎的首演甚至由于过度火爆而引起了骚乱。

音乐与艺术

 艺术世界

艺术的世界里充满着各式各样的"运动"。在这些"运动"中，艺术家们用相似的手法进行着创作。下面列出其中最著名的一些"运动"，帮助你快速入门。下一次徜徉于艺术画廊时，你就可以用这些知识震慑一下众人啦！

文艺复兴

正如对音乐世界的重要性一样，文艺复兴也使画家和雕塑家们拥有了更多创作自由。他们重拾了对古代世界的兴趣，重新弘扬了科学、文学和艺术。文艺复兴运动中最著名的代表人物是莱昂纳多·达·芬奇，他在科学、文学和艺术领域均有极高的造诣。

在长达两个世纪的时间里，意大利佛罗伦萨保持着文艺复兴运动艺术中心的地位。居住在这里的权贵家族——美第奇家族——十分热爱艺术，对包括米开朗琪罗在内的艺术家们推崇备至。米开朗琪罗曾在梵蒂冈的西斯廷教堂天顶作画，并因此声名远播。

巴洛克时期和洛可可时期

17世纪，卡拉瓦乔等艺术家推动了巴洛克风格的兴起。巴洛克风格宏伟而奔放，这一绘画形式也极大地影响了当时的设计和建筑。

巴洛克风格一直持续到18世纪，后转变为洛可可风格，这是卡纳莱托等艺术家使用的一种更为精致的装饰风格。

浪漫主义运动

19世纪80年代，艺术家们发展出了一种更为"浪漫"的绘画风格，代表人物包括康斯太布尔、特纳、布莱克等。浪漫主义绘画作品同过往循规蹈矩的作品相比，更为多彩也更为豪放。

工艺美术运动

19世纪50年代，维多利亚时代的人们总是把家中装饰得无比精致。当时，随着工业化的发展，已经能够大规模地进行生产装饰品了。然而，威廉·莫里斯等艺术家们还是追求简单、精致的手工制品。

印象主义

19世纪的法国，包括莫奈和德加在内的一批法国艺术家创造了新的绘画技法。他们与众不同地使用色彩来表现对物品和风景的"印象"，而不是追求照相般的写实效果。例如，如果要画蓝色的花朵，他们不只使用蓝色，而是也许在阴影处使用深紫色或在花瓣边缘光线反射处使用暗橙色。

表现主义

19 世纪末到 20 世纪初，表现主义艺术家们常以夸张的形状和颜色，表达当下的情绪或对特定事物的感受。爱德华·蒙克是其中的代表人物。他的代表作《呐喊》以明亮的色彩和扭曲的线条，描绘了一个双手捧着头，表情极其痛苦的男子。

语 言

 词　　类

根据英语单词在句子中所起的不同作用，可以把它们分为如下 8 个词类。

名词

名词表示人或事物的名称。有些名词是"专有名词"，如你的朋友"约翰"（John）或"地球"（Earth），这些专有名词常以大写字母开头。

另一类是"普通名词"，泛指一类人（如男孩、家长）、一类地点（如城市、乡村）或一类物体（如书、电视）。这其中，一部分名词描述的是一组人和物，如队伍、包裹，称为"集合名词"。然而，并非所有名词都指代实体，如"星期二""快乐"等虽然属于名词，但不指实体。

动词

动词可以表示人和事物的动作或状态。"跑""给""烹饪""做""说"，这些都是动词。"to + 动词"（例如，to do、to cook、to be 等）的形式称为"动词不定式"。

形容词

形容词用以"形容"名词，它们可用于描述事物的特征。例如，

语　言

你可以说：

The woman bought a car.

那位女士买了一辆车。

但如果你说：

The *rich* woman bought a *fast* car.

那位**富有的**女士买了一辆**开得很快的**车。

因为添加了形容词"富有"和"开得很快"，你就可以对这位女士和她所购买的汽车获取更多的信息。

副词

副词用于修饰动词，能为所发生的事提供更多信息。例如：

The rich woman drives the car.

那位富有的女士驾驶汽车。

这样也说得通，但是：

The rich woman drives the car *carefully*.

那位富有的女士**小心翼翼地**驾车。

这样则提供了更多的信息。

不少副词可以用于回答"怎样"（How）、"什么时候"（When）、"在哪儿"（Where）、"为什么"（Why）等问题，并且常以"-ly"结尾（类似的，中文的副词常以"地"结尾）。

"仔细地"（carefully）、"快速地"（quickly）、"安静地"（quietly）、"大声地"（loudly）等都是副词。

你也可以用副词来修饰形容词。例如：

学问满当当

The *incredibly* rich woman drives carefully.

那位富得**不可思议**的女士小心翼翼地驾车。

"不可思议"在这里告诉我们这个女士富有的程度（非常富）。

副词甚至可以用于形容其他副词，例如：

The incredibly rich woman drives *quite* carefully.

那位富得不可思议的女士**相当**小心翼翼地驾车。

这下，我们知道那位女士驾车并没有如她所应当的那般小心翼翼。在这里，我们也应注意到，"quite"（相当）这个副词并没有以"-ly"（地）结尾。

代词

代词包括"我"（I）、"你"（you）、"他"（he）、"她"（she）、"它"（it）、"我们"（we、us）、"他/她/它们"（they、them）。代词在句子中可以替代名词，以免冗余。与其说：

The woman drives the car every day and washes the car once a week.

那位女士每天驾驶汽车，并且每周清洗**汽车**。

不如用：

The woman drives the car every day and washes *it* once a week.

那位女士每天驾驶汽车，并且每周清洗**它**。

在这里，"它"（it）代替了"汽车"（car）。

"我的"（mine）、"你/你们的"（yours）、"它的"（its）、

"他的"（his）、"她的"（hers）、"我们的"（ours）、"他们的"（theirs）称为"物主代词"。这些物主代词用于表示物品的所有权，例如：

I took the book because it was *mine*.
我拿了那本书，因为它是**我的**。

连词

连词可以连接词与词、短语与短语、句与句，它们将句子的不同组分连在一起。

"and"（和、与）是最常用的连词。其他连词包括："or"（或）、"but"（但是）、"nor"（也不）、"yet"（还）和"so"（所以）等。

介词

介词用在名词、代词前，表示名词、代词等与其他词的关系。介词可以帮助指示物品的方位，常见的有"by"（在附近）、"to"（朝……向）、"into"（到……里）、"for"（为）、"from"（从）、"of"（属于……的）、"between"（在……与……之间的）、"with"（与）和"on"

（在……之上）。例如，你可以说：

The woman got *in* her car, *with* her friends and went *to* the shops.
那位女士进入车**中**，**和**朋友一起**去**商店。

学问满当当

感叹词

感叹词是用于表示强烈情绪的词语,例如表示激动或惊讶的情绪。感叹词后面常跟着感叹号(尤其是用于表示极为强烈的激动或惊讶之情时)。例如:"Wow!"(哇!)、"Ouch!"(哎呀!)和"Hurray!"(好耶!)等。

你知道吗

"The"是定冠词,代表特定的事物;"A"是不定冠词,代表泛指的事物,可以是某一类中的任意一个。例如,在句子:

The boy loved *the* dog and his friend wanted *a* dog, too.

那个男孩喜欢**那条**狗,因此他的朋友也想要**一条**。

这里,那个男孩喜欢的是某一条特定的狗,但他的朋友想要的狗不一定是指"那一条"。

语　言

 连 词 成 句

当然，你肯定知道，英文句子开头的第一个字母要大写，句子的末尾有句号（或者问号或感叹号）。然而，从首字母到句号之间才是容易引起混淆的地方。要想便于读者理解，最好的方法就是使用清晰的句式进行写作——无论你的读者是批改作业的老师，还是你第一部小说的百万读者们。

主语

主语表示句子中所涉及的人或物。记住，每个句子都有主语和谓语（动词）——他们缺一不可。主语是执行"谓语"中动作的人或者物。例如：

Jack sang a song.

杰克唱了一首歌。

唱歌的人是杰克，因此杰克是主语。

述语

述语是句子除主语外的其他部分。

Jack *sang a song*.

杰克**唱了一首歌**。

述语部分总是包含动词。

33

宾语

宾语是表示动作完成的对象（人或物）。在上面的例句中，"歌"是由杰克唱的，所以是宾语。

子句和短语

"杰克唱了一首歌"（Jack sang a song）这样的句子简洁明了，但是如果你使用子句和短语，就可以为读者提供更多的信息。

子句是包含了一个主语和一个动词的一组词语。短语不包括主语和动词，不能够独立成句。

例如，在句子：

The boy sang a song while he grinned at his friends.

男孩唱了一首歌，当他向朋友们露齿而笑的时候。

这里有两个子句。第一个子句：

The boy sang a song

是一个可以独立成句的句子，因此它是独立分句。第二个子句：

while he grinned at his friends

是不能独立称为一个句子的，被称为从属子句，必须依赖第一个子句才能成为完整的句子。

然而，在下面的句子中：

The young boy tried to sing a cheerful song.

那个年轻男孩试图唱一首欢快的歌曲。

"那个年轻男孩"组成了一个短语，这个短语包括了一个名词（即句子的主语）。这个短语即我们所说的名词短语。"试图唱"（tried to sing）是另一个短语（这次是一个动词短语）。最后，"一首欢快的歌曲"（a cheerful song）又是一组名词短语；这个短语同时也是句子的宾语。这三个短语都不能独立成句。

学问满当当

特 殊 术 语

学会使用特殊术语将有助于你令读者印象更加深刻。

讽喻

讽喻是含有隐藏意味的故事。例如,乔治·奥威尔的作品《动物庄园》看上去是一个关于农场动物的简单故事,而实际上却是关于政治的。在故事中,奥威尔用动物们和它们的行为来指代真实世界中的几类人。

陈词滥调

有一些说辞,由于被听到的次数太多而沦为陈词滥调。例如,如果你的老师说你坐立不安的样子"像热锅上的蚂蚁"(You must have ants in your pants),那么你可以说这是陈词滥调(不过我想老师一定不会高兴的)。

双元音

双元音是指发出一个元音读音后,通过口中舌头位置的变化发出另一个元音读音。其实双元音并不复杂,例如"boil"(烹饪)一词,发音就属于双元音。请大声读出下面这些单词:"tail"(尾巴)、"feel"(感受)、"wear"(穿)。在读音时,请仔细分辨同一气息间元音与元音之间相互的起承转合。

矛盾修辞法

矛盾修辞法是将两个相互矛盾的表述或单词组合起来,通常并非用于侮辱。例如,如果你"故意忘记"打扫房间,你可能是"一不小心故意这么做"(accidentally on purpose)。如此一来,你的母亲可能会抱怨这"整齐得一团糟"(fine mess),也许还会生气地"沉默地喊叫"(deafening silence)。

似是而非的隽语

隽语指某事看上去不可能但实际上却是正确的。例如,如果你父母坚持让你写作业,他们可能会说自己"对你严,是为了对你好"(being cruel to be kind)。看上去对你好就不应该对你严,但他们的意思是强迫你做你并不情愿做的事情,是为了让你受到更好的教育。

反问句和设问句

反问句和设问句是不需要回答的问句。例如,如果你的兄弟姐妹找不到自己的鞋子,那么你可以说"我怎么会知道你的鞋子在哪里?"说这话的时候,你并不是真的在等待他们告诉你,他们觉得你应该"怎么"知道。

同义反复

同义反复指不必要的重复。例如,"免费的礼物"(free gift)就属于同义反复。因为礼物本来就应该是免费的,所以其实可以只说"礼物"。

语　言

 # 发　音

同音同形异义词

有些英语单词有前缀（开头）和后缀（结尾）。在"homonym"（同音同形异义词）一词中，"homo-"是前缀，源自希腊语，意为"相同"；后缀"-nym"同样源自希腊语，意为"名字"。因此，"homonym"代表着表示不同意思的同一单词。例如，英语单词"cross"有三种同音异义：

you can *cross* (travel over) a road.

你可以**过马路**。此处 cross 有"穿过"的意思。

You can be *cross* (angry).

你可以**生气**。此处 cross 代表"生气"。

you can draw a *cross* (shape).

你可以画个**十字**。此处 cross 代表"十字交叉的形状"。

同音异形异义词

后缀"-phone"的意思是"声音"。"homophones"（同音异形异义词）指发音一样但拼写不同的单词。下面的句子里有三组同音异形异义词：

The *band* was *banned* and so not *allowed* to play *aloud*, so you can't *hear* them *here*.

那个**乐队**（band）**被禁止**（banned）了，**不能**（allowed）**大声**（aloud）演奏。所以，你在**这里**（here）不能**听到**（hear）他们演奏。

同义词

同义词（synonyms）的前缀"syn-"也表示"相同"。同义词指含义相同或相近的单词。例如，如果想用文字描写一次美妙的度假经历，你大可不必重复地说"很好"（great），而是可以形容天气和煦（lovely）或沙滩闪亮（brilliant）。

反义词

反义词（antonym）的前缀"ant-"表示"相反的"，因此，反义词是表示相反意思的词。"好"（good）的反义词是"坏"（bad）；"湿"（wet）的反义词是"干"（dry）。

语　　言

修辞手法

修辞手法是为了提高语言表达的效果而使用的方法。为了达到不同的效果，你可以使用不同的修辞手法。下面举例若干。

暗喻和明喻

暗喻和明喻都是将事物打比方的修辞手法，有时不易区分。明喻中常使用表示比喻的词，例如"像"（like）或"如"（as）。你的父母可能会夸你"像金子一样闪耀"（You're as good as gold）或责备你"吃得像猪"（You eat like a pig）。暗喻和明喻的区别在于暗喻不出现表示比喻的词。例如，如果你表现得好，你父母可能会说："你真是天使"（You're an angel）；如果你表现得不好，他们可能会说："你真是个小恶魔"（You're a little monster）。当然，你不可能是真的天使或者恶魔，这只是他们的比喻罢了。

头韵

头韵是一组以相同字母开头的单词。例如用于描写天气的时候,可以用"wild 或 windy weather"来形容大风天气,这里"wild"(猛烈的)、"windy"(大风)和"whether"(天气)都以"w"开头。类似的,形容暴风雨来临前的天空可以是"swirling 或 stormy sky",这里"swirling"(涡旋的)、"stormy"(暴风雨的)和"sky"(天空)都以"s"开头。

类韵

在一组单词中,元音的重复被称为"类韵"。这也是诗人为了增加语言效果而常使用的修辞手法。例如,诗人埃德加·艾伦·坡在下述诗歌第一句中所使用的:

The Raven

Once upon a midnight dreary,

While I pondered weak and weary.

《乌鸦》

从前一个阴郁的子夜,

我独自沉思,慵懒疲竭。

这里,形容力竭的"weak"的元音与形容沉闷的"dreary"和形容疲倦的"weary"有着几乎一模一样的元音发音。

夸张

如果你说"我快要饿死了",你的爸爸妈妈是不会喊救护车的,对不对？你真正的意思是你"很饿"，但是为了表达效果而夸大了事实。这就是修辞手法中的"夸张"。

拟声

有一些模仿声音的单词，我们称之为"拟声词"，而这种修辞手法，则称为"拟声"。例如，形容蛇的"滋滋声"（hiss）、形容水花的"吧嗒声"（splash）、形容盘子掉在地上的"咔嗒声"（clatter）和形容钟声的"咚咚声"（bong）。

拟人

拟人的修辞手法赋予物品或动物以人类特有的属性。如果你在作文里写道"太阳公公朝我们微笑"，那么你就是在使用拟人的修辞手法，因为太阳是不会笑的，只有人才会。

学问满当当

世界各国的语言

全球共有数千种语言,但是该学习哪种语言则取决于你住在哪里、打算去哪里度假,以及你的兴趣爱好。下面列出部分语言名称及一些常用单词。

阿拉伯语

阿拉伯语是超过 15 个国家的官方语言,包括摩洛哥、沙特阿拉伯等。阿拉伯语的书写与英文不同。

Hello – *Ahlan wa sahlan*　你好

Goodbye – *Salam*　再见

Please – *Min fadlak*　请

Thank you – *Shukuran*　谢谢

西班牙语

西班牙语不仅是西班牙和中美洲、南美洲许多国家的官方语言,也是美国超过百万人的生活语言。以下示例以西班牙所使用的西班牙语为基准。

Hello – *Hola*　你好

Goodbye – *Adiós*　再见

语言

Please – *Por favour*　请
Thank you – *Gracias*　谢谢

德语

德国、奥地利和瑞士部分地区使用德语。德语和英语属于同一语系，因此，部分英语单词和德语单词十分接近，含义也相同，只是发音略有区别。例如，德语和英语中的"手"（hand）、"名字"（name）、"温暖"（warm）等均是如此。

Hello – *Hallo*　你好
Goodbye – *Auf Wiedersehen*　再见
Please – *Bitte*　请
Thank you – *Danke*　谢谢

法语

法语是全球超过25个国家和地区的官方语言，包括法国、比利时、加拿大、海地和马里等。

Hello – *Bonjour*　你好
Goodbye – *Au revoir*　再见
Please – *S'il vous plaît*　请
Thank you – *Merci*　谢谢

英语中也使用了很多法语词汇，例如"约会"（rendezvous）和"在途中"（en route）等。

日语

日语和英语不同，不是由字母组成的，而是由"日本汉字""平假名"和"片假名"三类符号组成。

Hello – こんにちは　你好

Goodbye – さようなら　再见

Please – どうぞ　请

Thank you – ありがとう　谢谢

日语中的一些词汇，例如"和服"（kimono）和"空手道"（karate）也已经成了英语中的常用词汇。

古 典 学

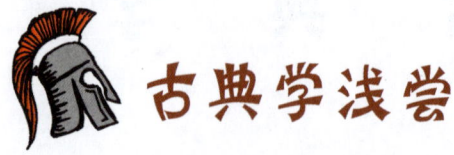

古典学浅尝

"古典学"是研究古希腊、古罗马时代的历史、艺术和语言的学科。

古希腊

古希腊文明兴盛于公元前1000年至公元前300年。古希腊人对于科学、艺术、哲学(探讨事物深层含义的学科)和政治的见解对当今社会仍有很深远的影响。古希腊人发明了"民主制度",在这一制度下,普通人在政治统治中起主要作用。这一政治体制形式至今仍为许多国家所沿用。

古希腊时期诞生了许多著名哲学家。公元前5世纪,其中的一位哲学家苏格拉底通过向学生提问的方式引导他们认识周围的世界。这些问题包括:"什么是对,什么是错?"然而,苏格拉底本人并没有著书立说,他流传至今的作品是由其学生柏拉图摘抄整理的。柏拉图在雅典首先建立了"学院",这就是现代大学的前身。柏拉图最出名的弟子之一是亚里士多德。亚里士多德既是伟大的科学家,也是了不起的哲学家。

古希腊也诞生了许多才华横溢的作家。传说有一位名叫荷马的盲人诗人(不要和霍默·辛普森搞错了)曾经写了两部长篇史诗——《伊利亚特》和《奥德赛》,即《荷马史诗》。《荷马史诗》在人们的讲述中代代相传。不过,诸如古希腊三大悲剧诗人索福克莱斯、埃斯库罗斯和欧里庇得斯等作家也写了许多伟大的戏剧作品,其中不少至今

古典学

仍在演出。

　　古希腊人的生活里当然不只是学习，他们经常举办大型运动盛会。古希腊人每4年便在奥林匹亚城举办一次大规模赛事。这一赛事汇集了古希腊各地的男选手，比赛的项目包括标枪、铁饼、战车赛等（女性有她们自己的比赛）。如你所见，其中大多数项目中，选手是裸体参赛的。

　　现代奥林匹克运动直到1896年才诞生——当然，现在的运动员们都得先穿上衣服才能参加比赛！

古罗马帝国

根据传说，战神玛尔斯有两个儿子罗慕路斯和雷穆斯。这两个孩子从小被遗弃，由狼群养大。成年后，两兄弟在公元前 750 年左右建立了罗马城。

虽然故事不太可信，但罗马确实逐渐发展成为一个大国。罗马人每征服一地，技艺娴熟的工匠们就将水渠、桥梁、浴室、剧院和神庙建到那里。为了使军队能够迅速行进，他们还修建道路。直至今日，我们仍能在欧洲、北非、亚洲和中东各处见到大量的罗马建筑遗迹。这些遗迹中最著名的当属位于意大利南部的庞贝古城。公元 79 年 8 月 24 日，附近的维苏威火山喷发，摧毁了这座古城，将其掩埋于火山灰下。这场火山喷发使得庞贝古城的建筑和遗骸得以完整保存，直到 18 世纪被发掘时才得以重见天日。

尽管拥有先进的文明，但古罗马人十分残暴。在古罗马斗兽场中，数千人围观角斗士殊死搏斗直至其中一人死亡，或者眼睁睁看着囚犯被扔向狮群。

古罗马人曾经和古希腊人一样实行民主制，但尤里乌斯·恺撒终结了这一民主制度。恺撒是一名了不起的罗马将军，征服了许多地区。在回到罗马后，他自封为罗马的终身执政官。这意味着他并非由人民选举产生，且拥有至高无上的权力。不过，恺撒大帝的统治并未持久，他于公元前 44 年 3 月 15 日被刺身亡——在古罗马人的日历中，3 月、5 月、7 月和 10 月的 15 日，和其他月份的 13 日被称为伊德斯，而恺撒大帝就死于 3 月的伊德斯。

此后，古罗马便处于君主统治之下，并且拥有高度军事化的军队。

古罗马军队可以分为若干"军团",每个军团拥有约4800名士兵,此外还有骑兵和弓箭手。

　　古罗马君主中不乏生性残暴者。其中的一位君主名叫尼禄,在位时间为公元54年至公元68年。据说,他曾经谋杀了自己的生母,处决了自己的第一任妻子,并谋杀了第二任妻子。当然,他的残暴不止局限于家庭中。据说,他曾经下令在夜晚将基督徒焚烧致死,以此照亮自己的花园。最终,古罗马参议院无法忍受这样的暴君,下令将他处死。为了免于被处决,尼禄自杀了。

学问满当当

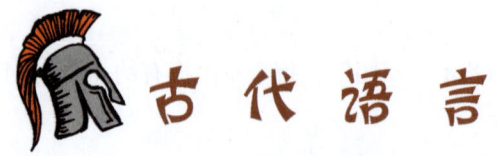
古代语言

古希腊语、古罗马语和拉丁语被称为是"死"语言,因为现在已经很久没人在日常生活中使用这些语言了。然而,这些语言至今仍有其重要性,因为当代语言中有成千上万的词汇来自拉丁语或古希腊语。

例如,拉丁语中"*luna*"表示"月亮",而现代英语中就有不少源自"*luna*"的词汇,如"lunar"(月亮的,一个"lunar cycle"表示一个月亮周期,即月亮经历一次阴晴圆缺的过程)、"lunacy"(精神失常的,因为在过去人们认为月亮的圆缺会影响人的行为)。又如,拉丁语中"*aqua*"表示"水",现代英语中有"aquatic"(水生的,如"aquatic creature"水生生物)。类似的,拉丁语中"*ignis*"表示"火",现代英语中有"ignite"(点火),等等。

在古希腊,"*angelus*"表示"信使",这也是"angel"(天使)一词的由来,因为根据记载,"天使"就是上帝的信使。"octopus"(八爪鱼)一词来自"*okto*",这在古希腊语中表示"八"。不过,也有一些例子中的关联表现得不那么明显。例如,"hippopotamus"(河马)一词是由古希腊语中的"*hippos*"(马)和"*potamos*"(河)组合而来。所以,"hippopotamus"就是"河马"啦!这些古代语言中的词汇可以通过组合的方式形成新的词汇。例如,"*tele*"的原意是"远距离的","*phone*"的原意是"噪音"——因此,两者组合而成的新词"telephone"就表示"来自遥远地方的噪音"。

古 典 学

希腊字母

古罗马人使用的字母与当代英语中的很像,但希腊字母则与英语有着很大的差异(至今也是)。在你学习数学或者科学的时候,你可能已经或多或少地接触过这些字母。下面为你按照顺序列出全部希腊字母及其读音。

英文读音	中文读音	大写和小写	英文读音	中文读音	大写和小写
Alpha	阿尔法	Α α	Nu	纽	Ν ν
Beta	贝塔	Β β	Xi	柯西	Ξ ξ
Gamma	伽马	Γ γ	Omicron	奥密克戎	Ο ο
Delta	德尔塔	Δ δ	Pi	派	Π π
Epsilon	艾普西隆	Ε ε	Pho	柔	Ρ ρ
Zeta	泽塔	Ζ ζ	Sigma	西格玛	Σ σ
Eta	伊塔	Η η	Tau	陶	Τ τ
Theta	西塔	Θ θ	Upsilon	宇普西隆	Υ υ
Iota	约塔	Ι ι	Phi	斐	Φ φ
Kappa	卡帕	Κ κ	Chi	希	Χ χ
Lambda	拉姆达	Λ λ	Psi	普西	Ψ ψ
Mu	谬	Μ μ	Omega	欧米茄	Ω ω

你注意到了吗?希腊字母中首字母是 *alpha*(阿尔法),第二个字母是 *beta*(贝塔)。这两个字组合成了"alphabet"这个单词,意思是"字母表"。

学问满当当

世界七大奇迹

古代世界诞生了许多奇迹,其中有七个被认为是最了不起的。它们被称为"古代世界的七大奇迹"。遗憾的是,这些奇迹中只有一个留存至今。

第一大奇迹:奥林匹亚宙斯神像 这座神像由古希腊雕刻家菲迪亚斯耗时8年完成,高约12米,位于奥林匹亚城宙斯神庙前。神像展示了宙斯坐在宝座上的情景,并且由金子、象牙和珍贵的宝石装饰而成。

第二大奇迹:以弗所的阿尔忒弥斯神庙 这座宏伟的神庙位于今天的土耳其。神庙中装饰着许多精美的艺术品。由于神庙极其宏伟,因此来自拜占庭的物理学家菲隆在参观了所有七大奇迹后,在书中写到这座神庙"令其他奇迹黯然失色"。

第三大奇迹:罗得岛巨像 罗得岛是希腊港口城市。那里的人民击退了入侵的敌军,为了庆祝这一胜利,他们用青铜和铁建造了高达32米的太阳神像。不过,在落成不到60年后的一次地震中,神像倒

塌了。罗得岛的居民认为巨像可能激怒了太阳神,因而没有重修神像。

第四大奇迹:摩索拉斯陵墓　这座位于土耳其的墓穴是由王后阿尔特米西娅为死去的丈夫摩索拉斯修建的。王后派全世界最优秀的艺术家们用雕像和雕刻品装饰陵墓。不过,王后在陵墓完成前也死去,之后被安葬在丈夫身边。

第五大奇迹:巴比伦空中花园　巴比伦空中花园位于今天的伊拉克。传说这个花园拥有高悬的平台,上面栽满了来自异国他乡的树木、花朵和植物。据说这个花园是巴比伦尼布甲尼撒王下令为爱妻建造的。

第六大奇迹:埃及吉萨金字塔　吉萨金字塔共有 3 座,每座各埋葬了一位埃及国王(胡夫、哈夫拉和门卡乌拉)。胡夫金字塔十分壮丽雄伟,耗费了数万工匠近 20 年时间,使用了 230 万块巨石才搭建而成。尽管该金字塔已有约 4500 年历史,却是至今仅存的奇迹。

第七大奇迹:亚历山大港灯塔　亚历山大灯塔是一座巨型灯塔,位于埃及亚历山大港,其作用是引导船只进出。这座灯塔至少有 115 米高,塔顶的火焰日夜不熄地燃烧,并由一个巨大的抛光金属镜面将光反射到海面上。

学问满当当

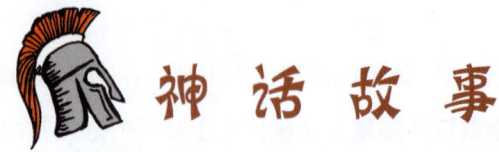 神话故事

古希腊人崇拜的"男神"和"女神"有数百位之多。他们认为神都居住在奥林匹斯山上,而那里是地球与天堂的交汇之处。后来,罗马人也经常给希腊诸神起个罗马名字,并信奉他们。这些男神和女神各司其职,有些还的确做得不太好。下面列出了其中一部分神,后面是关于神的一些故事。

古希腊神	古罗马神	神职
宙斯	朱庇特	主宰天空的神,同时也是众神的主宰——他的武器是一道闪电
赫拉	朱诺	宙斯的妻子,同时也是掌管婚姻的神。由于宙斯经常出轨,因此赫拉非常嫉妒,经常动怒
哈迪斯	普鲁托	冥界之王
阿波罗	阿波罗	宙斯的儿子,医药、音乐和其他许多事物之神
阿尔忒弥斯	狄安娜	狩猎女神和大自然女神,是阿波罗的孪生姐姐
阿瑞斯	玛尔斯	战神——希腊神话中的战神是冲动、无脑且暴力的,但在罗马神话中则更可爱些
阿佛洛狄忒	维纳斯	爱情和美丽女神
赫尔墨斯	墨丘利	头戴翅帽,脚踩翼鞋的诸神的使者,他被认为会带来幸运并庇护旅人平安
雅典娜	密涅瓦	军事、智慧和手工艺女神。猫头鹰是她的象征
赫菲斯托斯	伏尔甘	火神和诸神的工匠,他利用火山来锻造武器(火山"volcano"一词就是根据他的名字命名的)
波塞冬	涅普顿	海神
珀耳塞福涅	普罗塞耳皮娜	冥后,宙斯和得墨忒耳(农业和丰收女神)的女儿

古　典　学

珀耳塞福涅

不少神话试图解释世界是如何运转的。例如，珀耳塞福涅的故事解释了一年四季的更替。珀耳塞福涅是宙斯和得墨忒尔的女儿。冥王哈迪斯希望求娶珀耳塞福涅，却遭到了她母亲的强烈拒绝。于是哈迪斯掳走了珀耳塞福涅。得墨忒尔于是大怒，作为丰收女神，她拒绝让作物生长，以要饿死人类作为要挟。

宙斯派使者赫尔墨斯传令给哈迪斯，要他释放珀耳塞福涅。哈迪斯同意了，但在珀耳塞福涅临走时给了她一颗石榴。珀耳塞福涅不能在冥界吃东西，所以只吃了一颗石榴籽的她每年有三分之一的时间不得不待在冥界。每年的这个时候，作物停止生长，冬季来临，得墨忒尔也变得非常悲伤。

代达罗斯和伊卡洛斯

代达罗斯是一位发明家和建筑家。他受命于克里特岛国王弥诺斯，建造一座迷宫。由于代达罗斯知道如何走出迷宫，因此他被禁止离开克里特岛。于是，他把羽毛和蜡粘在一起，为自己和儿子伊卡洛斯各制作了一对翅膀，准备逃离克里特岛。过于兴奋的伊卡洛斯越飞越高，直到离太阳太近，高温把蜡熔化，以致他坠海而亡。

57

西绪福斯

希腊神话中的科林斯国王西绪福斯总是惹怒众神。有一天，他因为背叛宙斯而被判处死刑。然而，在冥王哈迪斯前来带走他时，他不仅没死，反而把哈迪斯囚禁了。

哈迪斯被囚禁期间，人间再无一人死亡。在战神阿瑞斯的帮助下，哈迪斯得以逃脱。这一次，他们终于将西绪福斯带到冥界。然而，狡猾的西绪福斯再次逃脱。最后，宙斯派出赫尔墨斯，终于抓住了他。作为惩罚，西绪福斯必须永无止境地将一块巨石推至山顶，因为每当快要接近山顶时，巨石便会滚下来，因此西绪福斯不得不重新开始。

赫拉克勒斯

赫拉克勒斯很小的时候就是一位勇士和半神。宙斯的妻子赫拉不断迫害他。赫拉憎恨他就因为宙斯是他的父亲。当他还是孩子的时候，赫拉甚至派了两条蛇去杀他，可是强壮的小赫拉克勒斯掐死了两条蛇。

于是赫拉不再杀他，而是通过折磨使他发疯，并杀死了自己的妻子和孩子们。特尔斐神谕告诉赫拉克勒斯，为了给自己的谋杀赎罪，他必须服从国王欧律斯透斯，完成他所指派的任何任务。在赫拉的帮助下，欧律斯透斯国王想出了一系列看上去不可能完成的任务。这些任务被称为"赫拉克勒斯的12件难事"。

然而，赫拉克勒斯是真正的大英雄，完成了所有不可能的任务。此后，他继续冒险，最终死于半人马的毒血。下面列出的就是赫拉克勒斯的12件难事。

古 典 学

1. 杀死并剥去尼米亚猛狮的皮。

2. 杀死九头蛇许德拉。

3. 抓住跑得极快的阿耳卡狄亚的牝赤鹿。

4. 抓住吃人的厄律曼托斯山的野猪。

5. 清理国王奥革阿斯的牛栏。

6. 打败吃人的斯廷法利斯湖怪鸟。

7. 抓住会喷火的克里特公牛。

8. 抓住狄俄墨得斯国王的食人牡马。

9. 为欧律斯透斯带回希波吕忒（男悍好斗的亚马孙女王）的金腰带。

10. 从世界上最强壮的男人革律翁那里偷走牛群。

11. 从守护仙女赫斯珀里得斯（阿特拉斯神的女儿们）那里偷走可使人永生的金苹果。

12. 潜入冥界，抓住多头恶犬刻耳柏洛斯。

历 史

学问满当当

 英国国王和女王们

下面根据在位时间列出每任英国国王或女王，时间自公元9世纪阿尔弗烈德大帝起，当时的英国分为若干不同的王国。对于以粗体字标记的君主，下文会有详细介绍。

阿尔弗烈德大帝	871—899	斯蒂芬	1135—1154
年长的爱德华	899—924	亨利二世	1154—1189
艾特尔斯坦	924—939	**狮心王理查一世**	1189—1199
埃德蒙一世	939—946	无地王约翰	1199—1216
伊德雷德	946—955	亨利三世	1216—1272
"漂亮的"埃德威格	955—959	长腿王爱德华一世	1272—1307
"安宁的"埃德加	959—975	爱德华二世	1307—1327
殉道者爱德华	975—978	爱德华三世	1327—1377
艾尔特雷德二世	978—1016	理查二世	1377—1399
斯温福克彼尔德	1013—1014	亨利四世	1399—1413
埃德蒙二世	1016	亨利五世	1413—1422
克努特大帝	1016—1035	亨利六世	1422—1461,1470—1471
"野兔脚"哈罗德一世	1035—1040	爱德华四世	1461—1470,1471—1483
哈迪克努特	1040—1042	爱德华五世	1483
忏悔者爱德华	1042—1066	驼子理查三世	1483—1485
哈罗德二世	1066	亨利七世	1485—1509
征服者威廉一世	1066—1087	**亨利八世**	1509—1547
红脸威廉二世	1087—1100	爱德华六世	1547—1553
亨利一世	1100—1135	**简·格雷**	1553

历　　史

玛丽一世	1553—1558	乔治二世	1727—1760
伊丽莎白一世	1558—1603	乔治三世	1760—1820
詹姆士一世	1603—1625	乔治四世	1820—1830
查理一世	1625—1649	威廉四世	1830—1837
奥利弗·克伦威尔*	1653—1658	**维多利亚女王**	1837—1901
理查德·克伦威尔**	1658—1659	爱德华七世	1901—1910
查理二世	1660—1685	乔治五世	1910—1936
詹姆斯二世	1685—1688	爱德华八世	1936
威廉三世与玛丽二世+	1689—1702	乔治六世	1936—1952
安妮女王	1702—1714	伊丽莎白二世	1952 至今
乔治一世	1714—1727		

阿尔弗烈德大帝

阿尔弗烈德是英格兰西南部韦塞克斯国王。当斯堪的纳维亚半岛的维京海盗入侵英国时，阿尔弗烈德逃走了——传闻他躲在一个农妇家中。后来，阿尔弗烈德回归并击败了入侵者。此后，英格兰分裂成为两半——一半由"英格兰国王"阿尔弗烈德统治，而另一半则由维京人统治，称为"丹麦律法区"。阿尔弗烈德的儿子和孙子们继承了他的事业，不断从维京人那里收复领土，最终统一了英格兰。

---

*1649—1653 年间，英国内战使得国家没有了领袖。从 1653 年起，克伦威尔以"护国公"的名义统治英格兰。

** 奥利弗·克伦威尔死后，他的儿子继承了他的职位，短暂地统治了英格兰。随后，查理二世受封，成为国王。

+ 联合统治，直到玛丽二世于 1694 年死亡。

学问满当当

克努特大帝

克努特大帝本是维京战士，通过征战登上了英格兰国王的宝座。同时，他也是丹麦国王和挪威国王，所以他可以制止维京人对英格兰进行袭击。这使英格兰得以和平。传说他曾经下令将国王的宝座放在海滩边，他坐在宝座上指挥海浪，令其不得拍击海滩——当然，这是不奏效的。有人说，克努特大帝这么做为的是向臣民证明他只不过是一个普通人，而不是神。

征服者威廉一世

法国的诺曼底威廉公爵于1066年入侵英格兰，随后被加冕为英格兰国王威廉一世。这位国王不停地无情镇压起义，并把英格兰土地分封给其他诺曼底人。著名的贝叶挂毯是一幅刺绣，长达70米，描绘的就是当时的入侵场景。

历 史

理查一世

理查一世以勇武著称,因此有了"狮心王"的称号。他在位10年,但逗留英国的时间只有短短数月。1190年,他参加十字军远征,以夺回圣城耶路撒冷。当时,耶路撒冷由萨拉丁统治。在激烈的战役之后,理查一世与萨拉丁达成了停战协议,回到了英格兰。不过不久他又一次出发远征法国,并最终死于这场战争。

亨利八世

亨利八世想要一个儿子,但他的第一任妻子阿拉贡的凯瑟琳并没有生下儿子。于是亨利八世希望能够废除与第一任妻子的婚姻(不是离婚)。当时英格兰是天主教国家,而天主教领袖也就是罗马教皇拒绝了亨利八世的要求。于是,亨利八世自封为英国大主教,并与安妮·博林结婚。然而,很快亨利八世厌倦了安妮,将她砍头后又与简·西摩结婚。简死后,亨利八世再一次结婚又离婚,这次的对象是克利夫斯的安妮。接下来,他又与凯瑟

65

琳·霍华德结婚,然后又将她砍头。最后,他又与凯瑟琳·帕尔结婚。她很幸运比亨利八世活得长。

简·格雷

简·格雷恐怕是英格兰历史上最悲催的君主了。皇宫是一个充斥着阴谋诡计的地方,一些掌握了权势的人将简·格雷推上了女王的宝座。不幸的是,有人对此不满,于是爆发了叛乱。这个可怜的15岁女孩只当了9天的女王就被监禁在伦敦塔中,之后被斩首。

维多利亚女王

维多利亚女王18岁登基,在位时间长达64年。几百年来,维多利亚女王始终保持着"在位时间最长的英国君主"纪录,直到2015年这个纪录才由英国女王伊丽莎白二世打破。维多利亚女王在位期间,正是科学技术大发展的时期。这一时期最能证明英国成就的是1851年举办的万国工业博览会。这一博览会旨在向全世界展示英国的国力、财力和成就。

维多利亚女王时期,英国正值鼎盛时期,疆域十分广阔。1876年,英国在镇压了数起起义后完全征服了印度,维多利亚女王也被加冕为印度女王。

历　史

征服者

纵观历史，世界各国都曾经依靠武力从他国掠夺过土地。

征服者和入侵者

成吉思汗　13世纪初，成吉思汗在东亚统一了蒙古各部。他率领的游牧部队骁勇善战，征服了中国北方、俄罗斯和东欧。成吉思汗每征服一个国家，那里战败的士兵就会加入他的部队，因此成吉思汗的军队越来越壮大。

北美洲　当欧洲人前往北美洲定居时，他们从早已在那里定居的美洲原住民手中夺取土地，由此引发了激烈的战斗。其中有一场战役被称为"卡斯特的最后一战"，这场战役发生于1876年，欧洲人在南达科他州的小人角河畔集结军队，与苏族和夏安族印第安部落交锋。乔治·阿姆斯特朗·卡斯特率领的第七骑兵团试图包围苏族和夏安族武士，结果被反包围。包括卡斯特在内的250余人阵亡。

学问满当当

探索地球

有史以来,人们就渴望知道一座山的后面或大洋对面是什么。于是,一些人就出发去寻找答案。

伟大的探险家

古代探险家们 早在公元前 4 世纪,古希腊探险家皮西亚斯就游历了欧洲西北部,甚至可能到达了北极圈。在 11 世纪,维京人利夫·埃里克松抵达了美洲。威尼斯探险家马可·波罗于 1266 年到达中国,来到忽必烈的皇宫中。他的著作《马可·波罗游记》使他成为历史上最出名的探险家。

克里斯托弗·哥伦布 1492 年,意大利人克里斯托弗·哥伦布试图一路向西航行到达亚洲,而不是向东。最终,哥伦布没有抵达亚洲,而是到了"新世界"——古巴、巴哈马、牙买加和伊斯帕尼奥拉岛(现在的海地和多米尼加共和国)。

库克和利文斯通 英国人詹姆斯·库克(后来晋升为上尉)于 1769 年发现了新西兰,并于次年发现了澳大利亚。1859 年,苏格兰探险家利文斯通博士成为第一个穿越非洲的欧洲人。他于 1851 年发现了赞比西河,并且于 1855 年来到了维多利亚瀑布。他是首个欣赏到该瀑布的欧洲人。

历 史

 英 国 首 相

英国的执政党领袖就是英国首相。这里列出了迄今为止所有英国首相的名字及其任职时间。对于以粗体字标记的英国首相,下文将加以详细介绍。

罗伯特·沃尔浦尔爵士	1721—1742	波特兰公爵	1807—1809
威尔明顿伯爵	1742—1743	斯宾塞·珀西瓦尔	1809—1812
亨利·佩勒姆	1743—1754	利物浦伯爵	1812—1827
纽卡斯尔公爵	1754—1756	乔治·坎宁	1827
德文郡公爵	1756—1757	怀康特·戈德里奇	1827—1828
纽卡斯尔公爵	1757—1762	惠灵顿公爵	1828—1830
比特郡伯爵	1762—1763	格雷伯爵	1830—1834
乔治·格伦维尔	1763—1765	怀康特·墨尔本	1834
罗金厄姆侯爵	1765—1766	惠灵顿公爵	1834
查塔姆伯爵	1766—1768	**罗伯特·皮尔爵士**	1834—1835
格拉夫顿公爵	1768—1770	怀康特·墨尔本	1835—1841
诺斯勋爵	1770—1782	罗伯特·皮尔爵士	1841—1846
罗金厄姆侯爵	1782	约翰·罗素勋爵	1846—1852
谢尔本伯爵	1782—1783	德比伯爵	1852
波特兰公爵	1783	阿伯丁伯爵	1852—1855
威廉·皮特	1783—1801	怀康特·帕默斯顿	1855—1858
亨利·阿丁顿	1801—1804	德比伯爵	1858—1859
威廉·皮特	1804—1806	怀康特·帕默斯顿	1859—1865
威廉·格伦维尔勋爵	1806—1807	罗素伯爵	1865—1866

德比伯爵	1866—1868	詹姆斯·拉姆齐·麦克唐纳	1929—1935
本杰明·迪斯累里	1868	斯坦利·鲍德温	1935—1937
威廉·尤尔特·格莱斯顿	1868—1874	内维尔·张伯伦	1937—1940
本杰明·迪斯累里	1874—1880	**温斯顿·丘吉尔**	1940—1945
威廉·尤尔特·格莱斯顿	1880—1885	克莱门特·理查·艾德礼	1945—1951
索尔兹伯里侯爵	1885—1886	温斯顿·丘吉尔	1951—1955
威廉·尤尔特·格莱斯顿	1886	安东尼·艾登爵士	1955—1957
索尔兹伯里侯爵	1886—1892	哈罗德·麦克米伦	1957—1963
威廉·尤尔特·格莱斯顿	1892—1894	亚力克·道格拉斯-霍梅	1963—1964
罗斯伯里伯爵	1894—1895	哈罗德·威尔逊	1964—1970
索尔兹伯里侯爵	1895—1902	爱德华·希思	1970—1974
阿瑟·詹姆斯·鲍尔弗	1902—1905	哈罗德·威尔逊	1974—1976
亨利·坎贝尔-班纳曼爵士	1905—1908	詹姆斯·卡拉汉	1976—1979
赫伯特·亨利·阿斯奎斯	1908—1916	玛格丽特·撒切尔	1979—1990
戴维·劳埃德·乔治	1916—1922	约翰·梅杰	1990—1997
安德鲁·博纳·劳	1922—1923	托尼·布莱尔	1997—2007
斯坦利·鲍德温	1923—1924	戈登·布朗	2007—2010
詹姆斯·拉姆齐·麦克唐纳	1924	戴维·卡梅伦	2010—2016
斯坦利·鲍德温	1924—1929	特蕾莎·梅	2016 至今

威廉·皮特

皮特年仅 24 岁时便担任了首相一职,成为史上最年轻的英国首相。当时许多人因为其年轻而嘲笑他,但他领导英国走出了许多困境,成功地证明了自己。

历 史

罗伯特·皮尔爵士

罗伯特·皮尔爵士做了很多有益儿童的事情。他禁止煤矿主强迫儿童进入地下矿井工作，并且降低了儿童在工厂工作的时长。他建立了英国警察制度，这也是英国警察被戏称为"鲍比"的原因（因为罗伯特的昵称就是鲍比）。

威廉·尤尔特·格莱斯顿

格莱斯顿曾经四度担任首相，甚至在80岁高龄时仍被委以此重任。格莱斯顿通过了一项法律，旨在使孩子更容易接受教育；他制订的不记名选举制度被沿用至今。这意味着人们在投票时，没有任何人会知道他们将票投给谁。

温斯顿·丘吉尔

丘吉尔率领英国取得了第二次世界大战的胜利。他的演说鼓舞人心，激励着英国人民走过了最艰难的岁月。丘吉尔于1953年受封为爵士，成为温斯顿·丘吉尔爵士。

内战四起

一个国家内部的不同族群之间发生的战争,称为"内战"。一个国家内部的某一族群推翻了统治政府,称为"革命"。

内战与革命

英国内战 1642年,英国国王查理一世的支持者们与议会支持者们之间爆发了战争。支持查理一世的保皇党最终落败,宣布投降。国王查理一世先是逃亡,然后被捉拿,随后被砍头。查理一世被处决的4年以后,奥利弗·克伦威尔以"护国公"的名义统治了英格兰。

法国大革命 1789年7月14日,巴黎人们冲进巴士底狱,释放了其中的囚犯。以此为开端的法国大革命最终将法国国王路易十六送上了断头台。在之后的恐怖统治下,数千人被送上了断头台。最终,法国成为一个共和国(意为由人民统治的国家)。

十月革命 第一次世界大战使得俄国陷入了贫困。1917年,列宁领导的布尔什维克党揭竿而起,反抗沙皇尼古拉二世的统治。革命成功后,他们夺取了政权,建立了苏维埃社会主义共和国联盟。

历　史

 战 火 纷 飞

除了国家内部会发生战争外，国与国之间也会发生战争。

一些重大战争

拿破仑战争　拿破仑·波拿巴统治下的法国对邻国发动了一系列战争，最终征服了欧洲。然而，在 1812 年，拿破仑入侵俄国，却遭遇了严酷的寒冬。拿破仑不得不撤退，损失了大部分兵力。1814 年，拿破仑被放逐，但随即重掌政权。1815 年，拿破仑在滑铁卢战役中战败，再次被放逐。

第一次世界大战　第一次世界大战始于 1914 年，德国与奥地利向英国、法国和俄国开战。战争从欧洲蔓延至全球。这是人类历史上第一次现代战争，动用了机枪、毒气、坦克和飞机。残酷的战役造成了数十万人死亡，其中包括法国的索姆河战役、凡尔登战役，比利时的帕斯尚尔战役和伊普尔战役等。1918 年，德国宣布投降。

第二次世界大战　独裁者希特勒和纳粹（一个极端政党）势力的崛起将德国再次卷入战争。1939 年，希特勒入侵波兰，于是英国、

法国向德国宣战。直到1945年战争结束前,越来越多的国家卷入其中,包括美国和日本。第二次世界大战还因两起特别可怕的事件而闻名。在战争期间,纳粹在大屠杀中杀害了600万犹太人。1945年,两颗原子弹被投放到日本的两座城市中,造成了巨大的毁灭。

历　史

历任美国总统

自 1789 年 2 月，乔治·华盛顿当选为美国首任总统以来，共产生了 44 位美国总统。其中，格罗夫·克利夫兰分别当选第 22 届和第 24 届美国总统，是目前为止唯一一位担任过两届非连续任期的美国总统。下面列出美国每一届总统的姓名及其就职时间。对于以粗体字标记的总统，下文将予以详细介绍。

美国国徽

1 **乔治·华盛顿**	1789—1797	14 富兰克林·皮尔斯	1853—1857
2 约翰·亚当斯	1797—1801	15 詹姆斯·布坎南	1857—1861
3 **托马斯·杰斐逊**	1801—1809	16 **亚伯拉罕·林肯****	1861—1865
4 詹姆斯·麦迪逊	1809—1817	17 安德鲁·约翰逊	1865—1869
5 詹姆斯·门罗	1817—1825	18 尤利西斯·辛普森·格兰特	1869—1877
6 约翰·昆西·亚当斯	1825—1829	19 拉瑟福德·伯查德·海斯	1877—1881
7 安德鲁·杰克逊	1829—1837	20 詹姆斯·艾布拉姆·加菲尔德**	1881
8 马丁·范布伦	1837—1841	21 切斯特·艾伦·阿瑟	1881—1885
9 威廉·亨利·哈里森*	1841	22 格罗弗·克利夫兰	1885—1889
10 约翰·泰勒	1841—1845	23 本杰明·哈里森	1889—1893
11 詹姆斯·K.波尔克	1845—1849	24 格罗弗·克利夫兰	1893—1897
12 扎卡里·泰勒	1849—1850	25 威廉·麦金利**	1897—1901
13 米勒德·菲尔莫尔	1850—1853	26 西奥多·罗斯福	1901—1909

---

* 死于任职期间

** 遇刺身亡

27 威廉·霍华德·塔夫脱	1909—1913	37 **理查德·尼克松**	1969—1974
28 **伍德罗·威尔逊**	1913—1921	38 杰拉尔德·福特	1974—1977
29 沃伦·盖玛利尔·哈定	1921—1923	39 吉米·卡特	1977—1981
30 卡尔文·柯立芝	1923—1929	40 罗纳德·里根	1981—1989
31 赫伯特·胡佛	1929—1933	41 乔治·赫伯特·沃克·布什	
32 **富兰克林·德拉诺·罗斯福***	1933—1945		1989—1993
33 哈里·S.杜鲁门	1945—1953	42 比尔·克林顿	1993—2001
34 德怀特·D.艾森豪威尔	1953—1961	43 乔治·沃克·布什	2001—2009
35 **约翰·F.肯尼迪****	1961—1963	44 **巴拉克·奥巴马**	2009—2016
36 林顿·B.约翰逊	1963—1969	45 唐纳德·特朗普	2017 至今

乔治·华盛顿

华盛顿是 1770 年代美国独立战争期间反抗英国统治的军队总司令。随后,他成为制宪会议的领袖——这个会议是决定如何管理美国的机构。华盛顿被选为美国第一届总统,两届任期结束后,他决定不再谋求连任,由此开启了美国总统任职不得超过 8 年的传统。在历任美国总统中,唯一的例外便是富兰克林·德拉诺·罗斯福。

托马斯·杰斐逊

杰斐逊是美国《独立宣言》的主要起草人,这一宣言阐述了美国 13 个州脱离英国的原因。这一宣言中最广为人知的名言有:"人人生

---

* 死于任职期间

** 遇刺身亡

而平等",他们应享有"生命、自由和追求幸福"的权利。国会于1776年7月4日通过了这一宣言。因此这一天被定为美国"独立日"。美国独立战争在7年后取得了最终胜利。

亚伯拉罕·林肯

林肯当选美国总统时,南部7个蓄奴州在其就职演说前脱离了美利坚合众国(即美国)。于是内战爆发,另外4个州加入了南部,形成了"美利坚联盟国"。1862年,林肯签署了《奴隶解放宣言》,正式宣布废除奴隶制,并宣布联盟国中任何蓄奴行为都是非法的。1863年,林肯进行了史上最简短但却最有名的演说之一:《葛底斯堡演说》。他提醒人们,他们在战争中的努力是为了"这个民有、民治、民享的政府"。林肯率领的北方军于1865年取得了胜利,但战争结束后仅仅5天,奴隶制拥护者约翰·威尔克斯·布斯枪杀了林肯。1965年年末的美国第13宪法修正案正式废除了奴隶制。

伍德罗·威尔逊

威尔逊领导美国渡过了第一次世界大战。战争结束后，美国支持成立"国际联盟"。这一组织旨在加强国际合作。为了表彰他的工作，诺贝尔奖委员会授予他诺贝尔和平奖。威尔逊在职期间还通过了一系列重要法律，包括禁止雇佣童工和给予女性同等投票权等。

富兰克林·德拉诺·罗斯福

富兰克林·德拉诺·罗斯福是唯一一位连任4届的总统。他带领美国走过了一些极其艰难的岁月。在大萧条时期，数以百万计的美国人因为失业而陷入极度的贫困。罗斯福总统发起了旨在解决贫困问题的新政。新政帮助了企业和那些失业者。1941年，日本偷袭珍珠港，罗斯福率领美国赢得了第二次世界大战，但在战争临近尾声时，其健康状况每况愈下，病逝于1945年4月12日。

约翰·F. 肯尼迪

肯尼迪总统当选时年仅43岁，是美国历史上最年轻的总统。在他短暂的任职期间，他宣布美国将在20世纪60年代末将人类送上月球（事实上，1969年美国真的做到了）。1962年10月，他成功化解了古巴导弹危机，当时世界离核战争仅一步之遥。肯尼迪总统十分受欢迎。然而，1963年11月22日，肯尼迪总统在得克萨斯州的达拉斯市乘坐敞篷小汽车时遇刺身亡，枪手名叫李·哈维·奥斯瓦尔德。

历 史

理查德·尼克松

尼克松总统是首位在任职期间宣布辞职的美国总统。尼克松被卷入"水门事件",他所在的政党雇用了5人窃听对手政党位于华盛顿特区水门大厦的总部。尼克松试图掩盖这一丑闻,不料事件愈演愈烈,最终只得辞职。

巴拉克·奥巴马

奥巴马是美国历史上首位黑人总统。他就任期间面临许多挑战,包括应对 2008 年世界金融市场崩溃造成的数十年以来最为严重的金融危机。人们也寄希望于他能解决美国军事介入阿富汗和伊拉克之后产生的遗留问题。

机密事件

历史上两件最机密的事件都发生在第二次世界大战期间。

最高机密

X电台 第二次世界大战期间,希特勒领导下的德军拥有一种名为"恩尼格码"的密码机。任何人破译其密码的概率仅为 1.5×10^{-20}。于是,一些英国顶尖的科学家汇集到"X电台"(一座名为布莱切利园的宅第),夜以继日地破解密码。他们的工作对于同盟国(英国、美国、苏联等国家)赢得战争至关重要,因为一旦破译密码,他们就可以提前知悉敌军的行动计划。虽然当时参与X电台计划的工作者数以千计,但没有一个人泄露机密,直到很多年后布莱切利园的重要性才为人知晓。

曼哈顿计划 1939年,著名的科学家阿尔伯特·爱因斯坦写信给罗斯福总统,陈述核研究的重要性。1941年,罗斯福总统下令开展研究。由于其中许多前期工作在位于曼哈顿的哥伦比亚大学开展,因此这一计划被称作曼哈顿计划。一位名叫罗伯特·奥本海默的科学家奉命负责其中代号为"Y计划"的主要实验室。

曼哈顿计划成功地研制出了原子弹,其中两枚在1945年8月被投放到日本的长崎和广岛。这两枚原子弹锁定了第二次世界大战期间美军对日军的决定性打击,日本投降,第二次世界大战随之结束。到1945年年末,两座城市几乎被彻底摧毁,死亡人数超过20万。

历 史

冷战有多"冷"

1946年，温斯顿·丘吉尔在演说中谈及"铁幕"正笼罩欧洲。他所说的"铁幕"就是后来的冷战。

第二次世界大战结束时，同盟国分裂为对立的两派。西欧、英国和美国成了"西方国家"，并于1949年成立了"北大西洋公约组织"——简称"北约"。在东欧，苏联与一些国家在1955年缔结了军事同盟，即"华沙公约组织"——简称"华约"。华约成员国一致同意联合抵抗"西方国家"。

冷战的双方，也就是东方和西方从未真正宣战，但双方都拥有足以摧毁世界的核武器。双方的敌对僵持了许多年。1962年，苏联在离美国很近的古巴部署导弹。在苏联最终同意撤回导弹前，有大约两周的时间，世界大战一触即发。

标志冷战结束的事件是"柏林墙的倒塌"。柏林墙位于西柏林，将西柏林与东柏林分隔开。在近30年的时间里，柏林墙一直都被视为分隔东方和西方的象征。

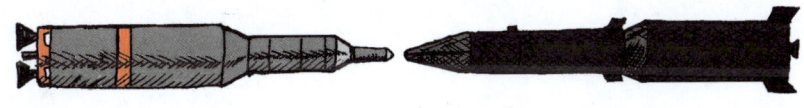

地理知识

学问满当当

大洲、国家和首都

你应该已经知道世界被划分为一个个不同的区域,也就是我们所说的"国家"。不过你知道吗?国家的数量、面积和形状并非一成不变。国家与国家之间的边界往往是由战争或者政治变动决定的。有时候,政权的更迭可能意味着两个国家合并为一个国家。例如,1990年,东德和西德合并为德国。也有时候,一个国家可能分裂成几个更小的国家。例如,捷克斯洛伐克联邦共和国原本是一个国家,后分裂为斯洛伐克和捷克共和国两个国家。

每个国家都有一个首都,通常都是该国最大的城市。首都是政府机构处理行政事务的中枢。当然,也有一些例外的例子。比如坦桑尼亚自1996年以来将官方首都定为多多马,但许多政府会议仍在前首都达累斯萨拉姆召开。

下面的列表将按照不同的大洲列出各个国家及其首都名称。加勒比海地区的岛国和中美洲(连接北美洲和南美洲的狭长陆地)国家在本书中被单独列出,以便读者在地图上查询。但事实上,这一地区隶属于北美洲。

 **非洲**

国家	首都
阿尔及利亚	阿尔及尔
安哥拉	罗安达
贝宁	波多诺伏
博茨瓦纳	哈博罗内
布基纳法索	瓦加杜古
布隆迪	布琼布拉
喀麦隆	雅温得
佛得角	普拉亚
中非	班吉
乍得	恩贾梅纳
科摩罗	莫罗尼
刚果（布）（刚果共和国）	布拉柴维尔
刚果（金）（刚果民主共和国）	金沙萨
科特迪瓦	亚穆苏克罗*阿比让**
吉布提	吉布提市
埃及	开罗
赤道几内亚	马拉博

* 官方首都
** 实际首都，指非官方的政府中心

（续表）

国家	首都
厄立特里亚	阿斯马拉
埃塞俄比亚	亚的斯亚贝巴
加蓬	利伯维尔
冈比亚	班珠尔
加纳	阿克拉
几内亚	科纳克里
几内亚比绍	比绍
肯尼亚	内罗毕
莱索托	马塞卢
利比里亚	蒙罗维亚
利比亚	的黎波里
马达加斯加	塔那那利佛
马拉维	利隆圭
马里	巴马科
毛里塔尼亚	努瓦克肖特
毛里求斯	路易港
摩洛哥	拉巴特
莫桑比克	马普托
纳米比亚	温得和克
尼日尔	尼亚美
尼日利亚	阿布贾

（续表）

国家	首都
卢旺达	基加利
圣多美和普林西比	圣多美
塞内加尔	达喀尔
塞舌尔	维多利亚
塞拉利昂	弗里敦
索马里	摩加迪沙
南非	比勒陀利亚[+]布隆方丹[++]开普敦[+++]
苏丹	喀土穆
南苏丹	朱巴
斯威士兰	姆巴巴内
坦桑尼亚	多多马[#]达累斯萨拉姆[##]
多哥	洛美
突尼斯	突尼斯市
乌干达	坎帕拉
赞比亚	卢萨卡
津巴布韦	哈拉雷

+ 行政首都，即执法中心
++ 司法首都，即法律审理、裁决中心
+++ 立法首都，即法律制定中心
# 官方首都
前首都，外国驻坦使馆仍位于此

 **亚洲**

国家	首都
阿富汗	喀布尔
亚美尼亚	埃里温
阿塞拜疆	巴库
巴林	麦纳麦
孟加拉国	达卡
不丹	廷布
文莱	斯里巴加湾市
柬埔寨	金边
中国	北京
东帝汶	帝力
格鲁吉亚	第比利斯
印度	新德里
印度尼西亚	雅加达
伊朗	德黑兰
伊拉克	巴格达
以色列	耶路撒冷（国际社会有争议）
日本	东京
约旦	安曼
哈萨克斯坦	努尔苏丹

（续表）

国家	首都
科威特	科威特城
吉尔吉斯斯坦	比什凯克
老挝	万象
黎巴嫩	贝鲁特
马来西亚	吉隆坡
马尔代夫	马累
蒙古	乌兰巴托
缅甸	内比都
尼泊尔	加德满都
朝鲜	平壤
阿曼	马斯喀特
巴基斯坦	伊斯兰堡
菲律宾	大马尼拉市
卡塔尔	多哈
俄罗斯（横跨欧亚两大洲）	莫斯科
沙特阿拉伯	利雅得
新加坡	新加坡
韩国	首尔
斯里兰卡	科伦坡
叙利亚	大马士革
塔吉克斯坦	杜尚别

（续表）

国家	首都
泰国	曼谷
土耳其（横跨欧亚两大洲）	安卡拉
土库曼斯坦	阿什哈巴德
阿拉伯联合酋长国	阿布扎比
乌兹别克斯坦	塔什干
越南	河内
也门	萨那

欧洲

国家	首都
阿尔巴尼亚	地拉那
安道尔	安道尔城
奥地利	维也纳
白俄罗斯	明斯克
比利时	布鲁塞尔
波黑	萨拉热窝
保加利亚	索菲亚
克罗地亚	萨格勒布

（续表）

国家	首都
塞浦路斯	尼科西亚
捷克	布拉格
丹麦	哥本哈根
爱沙尼亚	塔林
芬兰	赫尔辛基
法国	巴黎
德国	柏林
希腊	雅典
匈牙利	布达佩斯
冰岛	雷克雅未克
爱尔兰	都柏林
意大利	罗马
拉脱维亚	里加
列支敦士登	瓦杜兹
立陶宛	维尔纽斯
卢森堡	卢森堡市
北马其顿	斯科普里
马耳他	瓦莱塔
摩尔多瓦	基希讷乌
摩纳哥	摩纳哥

（续表）

国家	首都
黑山	波德戈里察
荷兰	阿姆斯特丹*海牙**
挪威	奥斯陆
波兰	华沙
葡萄牙	里斯本
罗马尼亚	布加勒斯特
俄罗斯（横跨欧亚两大洲）	莫斯科
圣马力诺	圣马力诺
塞尔维亚	贝尔格莱德
斯洛伐克	布拉迪斯拉发
斯洛文尼亚	卢布尔雅那
西班牙	马德里
瑞典	斯德哥尔摩
瑞士	伯尔尼
土耳其（横跨欧亚两大洲）	安卡拉
乌克兰	基辅
英国	伦敦
梵蒂冈	梵蒂冈城

* 官方首都，即执法中心
** 行政中心

地 理 知 识

 大洋洲

国家	首都
澳大利亚	堪培拉
斐济	苏瓦
基里巴斯	塔拉瓦
马绍尔群岛	马朱罗
密克罗尼西亚联邦	帕利基尔
瑙鲁	亚伦*
新西兰	惠灵顿
帕劳	梅莱凯奥克
巴布亚新几内亚	莫尔斯比港
萨摩亚	阿皮亚
所罗门群岛	霍尼亚拉
汤加	努库阿洛法
图瓦卢	富纳富提
瓦努阿图	维拉港

* 瑙鲁不设首都，行政中心在亚伦区

学问满当当

 ## 中美洲和加勒比海地区

国家	首都
安提瓜和巴布达	圣约翰
巴哈马群岛	拿骚
巴巴多斯	布里奇顿
伯利兹	贝尔莫潘
哥斯达黎加	圣何塞
古巴	哈瓦那
多米尼克	罗索
多米尼加	圣多明各
萨尔瓦多	圣萨尔瓦多
格林纳达	圣乔治
危地马拉	危地马拉城
海地	太子港
洪都拉斯	特古西加尔巴
牙买加	金斯敦
尼加拉瓜	马那瓜
巴拿马	巴拿马城
圣基茨和尼维斯	巴斯特尔
圣卢西亚	卡斯特里
圣文森特和格林纳丁斯	金斯敦
特立尼达和多巴哥	西班牙港

地 理 知 识

 北美洲

国家	首都
加拿大	渥太华
墨西哥	墨西哥城
美国	华盛顿哥伦比亚特区

 南美洲

国家	首都
阿根廷	布宜诺斯艾利斯
玻利维亚	拉巴斯[+] 苏克雷[++]
巴西	巴西利亚
智利	圣地亚哥
哥伦比亚	波哥大
厄瓜多尔	基多
圭亚那	乔治敦
巴拉圭	亚松森
秘鲁	利马
苏里南	帕拉马里博
乌拉圭	蒙得维的亚
委内瑞拉	加拉加斯

+ 行政首都，即政府事务的执行中心
++ 司法首都，即法律审判和裁决中心

学问满当当

 美 国

美国有 50 个州。下表列出了每个州的名称及其首府。通过"购买"或征服那些以前其他民族或国家声称拥有主权的北美大陆领土，美国建立了越来越多的州。1959 年，阿拉斯加和夏威夷成为美国的第 49 和第 50 个州。

州	州首府
亚拉巴马州	蒙哥马利
阿拉斯加州	朱诺
亚利桑那州	菲尼克斯
阿肯色州	小石城
加利福尼亚州	萨克拉门托
科罗拉多州	丹佛
康涅狄格州*	哈特福特
特拉华州*	多佛
佛罗里达州	塔拉哈西
佐治亚州*	亚特兰大
夏威夷州	火奴鲁鲁
爱达荷州	博伊西
伊利诺伊州	斯普林菲尔德
印第安纳州	印第安纳波利斯
艾奥瓦州	得梅因

地 理 知 识

（续表）

州	州首府
堪萨斯州	托皮卡
肯塔基州	法兰克福
路易斯安娜州	巴吞鲁日
缅因州	奥古斯塔
马里兰州*	安纳波利斯
马萨诸塞州*	波士顿
密歇根州	兰辛
明尼苏达州	圣保罗
密西西比州	杰克逊
密苏里州	杰斐逊城
蒙大拿州	海伦娜
内布拉斯加州	林肯
内华达州	卡森城
新罕布什尔州*	康科德
新泽西州*	特伦顿
新墨西哥州	圣菲
纽约州*	奥尔巴尼
北卡罗来纳州*	罗利
北达科他州	俾斯麦
俄亥俄州	哥伦布
俄克拉何马州	俄克拉何马城

学问满当当

（续表）

州	州首府
俄勒冈州	塞勒姆
宾夕法尼亚州*	哈里斯堡
罗得岛州*	普罗维登斯
南卡罗来纳州*	哥伦比亚
南达科他州	皮尔
田纳西州	纳什维尔
得克萨斯州	奥斯汀
犹他州	盐湖城
佛蒙特州	蒙彼利埃
弗吉尼亚州*	里士满
华盛顿州	奥林匹亚
西弗吉尼亚州	查尔斯顿
威斯康星州	麦迪逊
怀俄明州	夏延

* 为北美洲大陆东海岸的 13 个殖民地，欧洲人于 16 世纪最初定居在那里。

地理知识

 # 最高、最大和最长

我想，大概较少人会对世界上最矮的山、最小的海和最短的河感兴趣，所以我们先在这里列出最高的山、最大的海和最长的河。

世界纪录

最高的山 世界上最高的山是亚洲的喜马拉雅山。喜马拉雅山有好几座海拔超过8000米的山峰，其中包括海拔8844米的珠穆朗玛峰，海拔8611米的乔戈里峰和海拔8598米的干城章嘉峰。

亚洲以外最高的山是位于阿根廷的阿空加瓜山，海拔6961米。美国最高的山是位于阿拉斯加的德纳里山，海拔6190米。非洲最高的山是位于肯尼亚的乞力马扎罗山，海拔5895米。位于法国和意大利边境处的阿尔卑斯山的勃朗峰是西欧最高峰，海拔4809米。

位于夏威夷群岛的休眠火山莫纳克亚山也值得一提。如果从山脚量起，其高度达10 203米，比珠穆朗玛峰

还要高。然而，其露出海平面的部分仅为4207米。英国最高的山是位于苏格兰的本尼维斯山，海拔1345米。

最大的洋 世界上所有的海洋都是连通的，所以在某种程度上也可以说只有一个大洋——有时被称为世界大洋。世界大洋可分为太平洋（约16 000万平方千米）、大西洋（约8000万平方千米）、印度洋（约7000万平方千米）和北冰洋（约1500万平方千米）。

最大的海 分隔两块陆地的水域通常被称为海，海是大洋的一部分。一些内陆咸水湖也被称为海，但它们并不是真正意义上的海。

世界上最大的海是中国的南海，面积约为350万平方千米。南海位于亚洲大陆和菲律宾群岛之间，是太平洋的一部分。世界第二大海是位于中美洲东侧的加勒比海，加勒比海是大西洋的一部分，面积约为280万平方千米。地中海同样属于大西洋，位于南欧和北非之间，面积约为250万平方千米。白令海峡是太平洋的一部分，位于阿拉斯加和俄罗斯之间，面积约为230万平方千米。墨西哥湾（也属于"海"）隶属于大西洋，位于美国和墨西哥之间，面积约为150万平方千米。

最长的河 多年以来，关于世界上最长的河是尼罗河还是亚马孙河，一直存在争议。不过，测量河流长度并非易事。一方面，河流在入海口和大海的分界线不容易确认；另一方面，想要确定河流真正的源头也很困难。按照目前的测量，世界上最长的五大河流分别是：埃及的尼罗河，6650千米；巴西的亚马孙河，6400千米；中国长江，6300千米；美国密西西比河，6275千米；俄罗斯的叶尼塞—安加拉河，

5550 千米。

英国最长的河流为塞文河，长度仅 354 千米。紧随其后的是泰晤士河，长度 346 千米。

学问满当当

地貌的形成和变迁

在约 46 亿年的地球史上，山、海洋和河流不断地发生着改变。虽然这些变化发生得非常缓慢，但日积月累后使地貌发生了极大的改变。地貌就是通过以下方式改变的。

侵蚀

风和水不断地侵蚀土地，甚至使海岸线形状发生改变。当然，陆地不会凭空消失，而是被转移到了别处。例如，奔流不息的河水从河床上带起砂砾，顺流而下，待水流变缓时，这些砂砾便会沉积下来。

地理知识

冰川运动

冰川是逐渐朝下坡缓慢移动的巨大冰块。冰川造就了许多独特的山谷和山脊。冰川运动不止发生在寒冷的极地地区，更南部的地区在冰期也曾有过冰川。

山脉和地震

地球的地壳并非一个固体外壳，而是可以分为若干构造板块。这些板块处于缓慢的移动中，当它们相遇时就会发生地质事件，如地震等。很多山脉的形成就是由于两个板块相互碰撞，致使地壳隆起的结果。由于两个板块相互挤压，喜马拉雅山的珠穆朗玛峰每

103

年还在升高。两个板块的交界处还经常会发生地震。

火山

地球内部可不像地球表面那样平静，因为地球内部是由一种叫作岩浆的极为炙热的熔岩组成的，一座火山就是地表通向地下岩浆的一个开口。火山常分布在板块边缘。大部分火山都很高，且中间有"火山口"。火山爆发时，火山口中喷出火山灰和岩浆，造成巨大的破坏。火山的陡峭山坡是由以往喷发出的岩浆和火山灰构成的。

你知道吗

岩浆冷却后变硬，形成岩石，并生成新的陆地。例如，夏威夷群岛就是由海底火山喷发形成的一组岛屿。

地 理 知 识

# 水 循 环

就科学家目前所知，地球是太阳系中存在液态水的星球之一。地球上的水不断发生着循环，称为水循环，如下图所示：

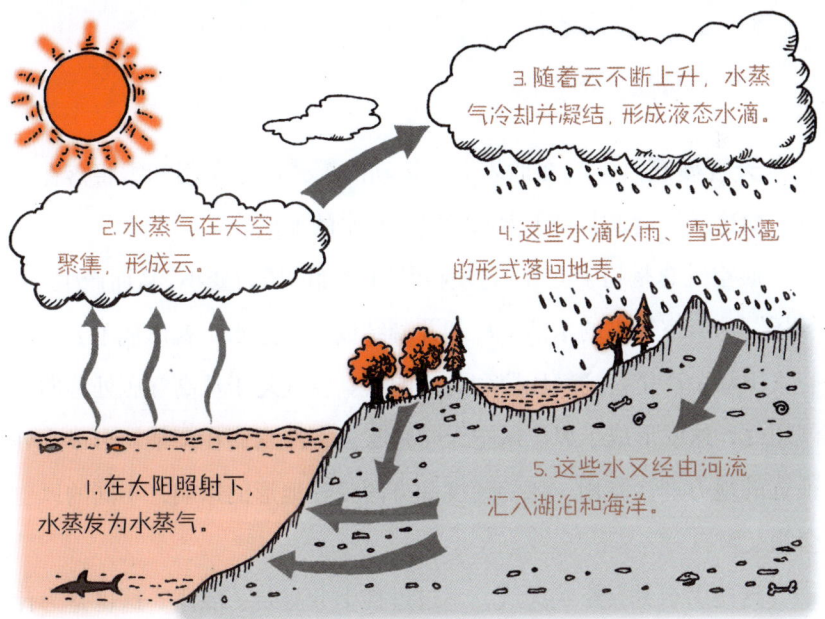

1. 在太阳照射下，水蒸发为水蒸气。
2. 水蒸气在天空聚集，形成云。
3. 随着云不断上升，水蒸气冷却并凝结，形成液态水滴。
4. 这些水滴以雨、雪或冰雹的形式落回地表。
5. 这些水又经由河流汇入湖泊和海洋。

干旱

地球上水的总量是不变的，所以似乎很难理解为何许多地方会缺水。在一些国家，干旱气候使得很长一段时间内几乎没有降水。这意味着那里的人和动物将没有足够洁净的水可供饮用。通常，缺水也意味着农作物无法生长，食物将发生短缺。此时，需要花费极大的代价，才能保证水不受致病微生物的污染，且是安全、可用的。

105

天气和气候

很多英国人最爱谈论天气,所以下一次他们抱怨下雨的时候,你可以向他们解释一下天气系统的工作原理。

风、雨和恶劣天气

天气模式 空气在地表上方运动的模式决定了雨和雪将落在何处,而这又反过来取决于太阳对空气和水的加热。

暖空气总是趋于上升,这使得其对地面的压力变小,从而产生"低气压"。当空气中的水蒸气冷却并凝结成为液态水,就形成了云。冷空气下降,产生"高气压"和更少的云。空气趋于从高气压处移向低气压处,这就形成了风。风把云吹来吹去,使它们在离最初形成之处很远的地方产生降雨。风的速度和方向受到地形的影响,不同的风也会相互影响。

这些因素都会影响天气,不过过程十分复杂、混沌。这也是为什么天气预报试图提前几天预测可能会出现的天气情况时,常常出错的原因。

气候带 尽管天气可能变幻莫测,但你完全有理由相信,西班牙的 7 月要比莫斯科的 1 月来得温暖。地球的自转轴是倾斜的,因此在每年的不同时间,地球的某些区域会比其他区域接收到更多光照,并且由此产生了四季。如果没有这一倾角,那么地球也就不会有四季之分了。

北极和南极基本上每年只有两个季节——面朝太阳时是 24 小时极昼的夏季，反之则是 24 小时极夜的冬季。那里几乎没有植物生长，大多数动物也只在夏季到来，在冬季来临前离开。这些区域被称为"极地"地带。

当你远离两极时，夏季的白天和冬季的夜晚会变得越来越短，且夏季和冬季之间的变化也足够长，以致形成各自相应的季节：春季和秋季。为了充分利用阳光，植物往往在春季和夏季更多地生长。"温带地区"的国家往往四季分明。

赤道地区（地球两极之间最宽的部分）没有明显的春夏秋冬，而是分为雨季和旱季。在这一"热带"地区，植物和动物通常一年四季都在生长和繁殖。

极端气候　当低压空气在高压空气中形成时，经常会产生暴风雨。在强烈的暴风雨中，云和云之间、云和地面之间会发生放电，形成闪电。闪电的热量穿过空气，发出雷声。看到闪光和听见轰隆声之间的时间间隔可以告诉你闪电离你有多近——每 1 秒约等于 340 米。

龙卷风　龙卷风由雷暴中的漏斗状螺旋气流从巨大的云层中下降至地面而形成。龙卷风可从地面卷起零零碎碎的物体，如果龙卷风足够大的话，甚至能卷起汽车和人。海上的龙卷风可能形成地球上极为罕见的天气现象：下"鱼"雨！

人为影响

人类在地球上生活的时间虽然相对较短,但已经给地球带来了一些显著的改变。下面是人类活动影响地球的一些实例:

● 在马达加斯加群岛上,为了耕种农作物,大量树木被砍伐,导致数百吨土壤流失。如此多的土壤从山坡上冲刷而下,在河流中淤积。为了防止船只搁浅,一座港口不得不被搬迁。

● 为了获得足够的肉,人们饲养牛和其他动物,而这些动物在打嗝、放屁(不是开玩笑的)时释放出的气体加剧了温室效应导致的气候变化。

● 人们丢弃的一些垃圾汇聚到海洋中。例如,"大太平洋垃圾带"实际上是东太平洋和西太平洋上两个飘浮着的巨大塑料"岛屿",加起来面积有几百万平方千米。

你知道吗

许多用于包装食物的材料需要很长时间才能降解。如果不能被回收利用,那么一只铝制汽水罐需要约100年方能降解,而一个塑料袋的降解需要长达1000年的时间。

学问满当当

# 地质年代简述

科学家认为地球形成于约 46 亿年前,但地质年代的划分始于约 6 亿年前。地质年代按照代、纪、世、期、时表述。最初的地质年代为古生代,这一时期出现了多细胞植物和动物,它们由不止一个细胞组成。接着,最早的原始节肢动物(有肢体的动物,如昆虫等)和脊索动物(有脊髓的动物)出现了。在这一时期末,大约 95% 的海洋物种灭绝了,而陆地动物和植物的存活比例要更高些,但没有人知道确切的原因。

中生代始于约 2.5 亿年前。这一时期,脊索动物在陆地广泛分布,

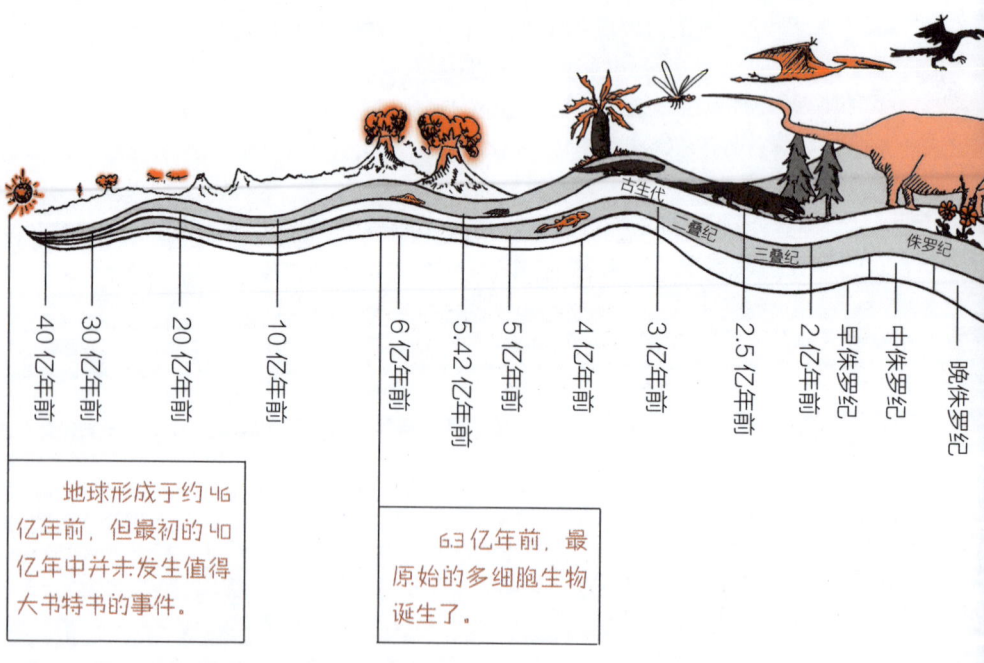

地球形成于约 46 亿年前,但最初的 40 亿年中并未发生值得大书特书的事件。

6.3 亿年前,最原始的多细胞生物诞生了。

地理知识

恐龙迅速成为地球的主宰。这一时期也出现了哺乳动物和鸟类，它们分别从两种爬行动物进化而来。中生代可以划分为三纪：三叠纪、侏罗纪、白垩纪。中生代末期又发生了一次大灭绝，这一次可能是由于一颗巨大的小行星撞击地球或严重的火山爆发等灾难事件导致的。这场灾难导致大部分地球生物灭绝，包括恐龙，不过也确实意味着其他哺乳动物有了更多的生存空间。

新生代始于6500万年前并且延续至今。这一时期哺乳动物取代恐龙成为地球的主宰，许多新的物种得以进化。这其中就包括诞生于约20万年前的人类。新生代可以分为7个纪。我们目前处于全新世，但也有不少科学家认为应当划分出一个全新的"人类世"，时间可以从公元前1800年人类首次对于地球产生显著影响之时算起。

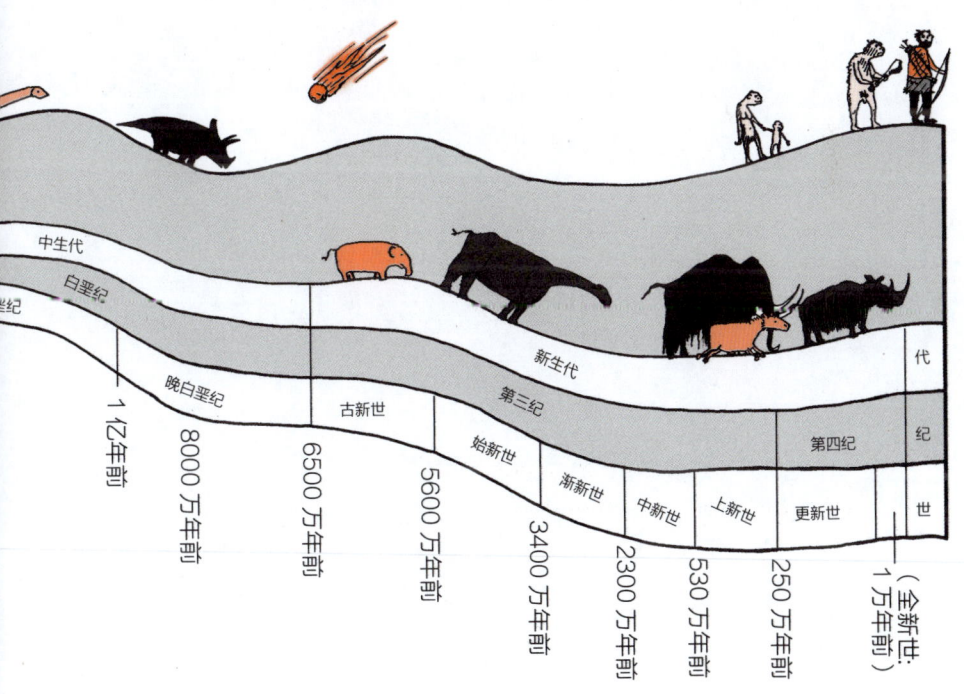

数学

数里乾坤

数学是非常有用的。没有数学,就无法知道自己是否富有,也无法进行科学研究,更无法运行计算机了。数学不只是实用的工具,其本身也充满神奇。

罗马时代的数学

几个世纪以来,罗马数字被广泛用于计数和数学。罗马数字以字母 I(代表 1)、V(代表 5)、X(代表 10)、L(代表 50)、C(代表 100)、D(代表 500)和 M(代表 1000)表示。字母的书写顺序代表了数字的大小。例如,把较小的数字置于较大数字之前,代表从大数字中减去小数字,因此 CM 代表 900(1000-100)。如果把小数字放在大数字之后,代表将大数字与小数字相加,因此 XV 代表 15(10+5)。想要表示 1915,则必须写"MCMXV"。不难想象,用这种方法计算复杂的数学问题确实很困难!

阿拉伯数字

我们现在常用的 1、2、3、4、5、6、7、8、9、0,被称为阿拉伯数字或印度—阿拉伯数字。这些数字符号数百年前源于印度及其周边地区。往来于北非和西班牙之间的贸易商将它们传入欧洲。在数学著作被翻译的过程中,它们也被越来越多的人所了解。15 世纪中叶,

数　学

印刷机的发明使更多的人熟悉了这些数符号。最终，阿拉伯数字取代了罗马数字。

十根手指

十进制数字系统是计算的基础。几千年来，人们一直用手指头来计数，所以十进制的诞生并不奇怪。相比巴比伦人的60进制，玛雅人的20进制，十进制明显容易理解多了。

数字1—9对于计数很管用，不过引入了0的概念后，计数变得更为简单。在有"0"之前，假如你想记录自己有多少只羊，你可以在棍子上划一条线。因此，如果有3只羊，就划3道线"｜｜｜"。然而，

如果你足够幸运有 300 只羊，就有点麻烦了。因为 300 道划痕看上去和 301 道并无多少区别，却要占用很多空间和很多划痕。并且万一在你划到第 288 道时被人打断，你记不清数到哪儿了该怎么办呢？

有了十进制，记录 300 只需要用到 3 个数字符号，而不必划 300 道划痕。有了"0"后，你通过数字的位置即可表示羊的数量——个、十、百、千、万，以此类推。每次当你把数字往左移动一位，并在右边加上 0 时，对应的数值就扩大 10 倍。通过这种方法，你可以快速而轻松地写出巨大的数字。例如，把 3 只羊的 3 往左移动并在右边加上 0 时：

$$3$$
$$30$$
$$300$$
$$3000$$

你知道吗

直到最近几百年，人们才开始把 0 视为一个数字。现在看来，这似乎有点不可思议，但由于几千年来，数学主要用于计数，而 0 代表没有东西可数，那为何需要一个对应的数字呢？

数　学

 一连串数学问题

你大概已经知道数轴对于进行简单计算是非常有用的。有了数轴，你可以很容易地计算 5-3，只需要从数轴上 5 的位置开始，向左移动 3 个数，就可以得到 2。

0 1 2 3 4 5 6 7 8 9 10

数轴也引出了一些有趣的问题，例如，"如果移动到 0 的左边，会发生什么？""数轴的终点在哪里？"或者"数轴上数字之间的位置代表什么？"所有这些问题的答案都非常有趣。

数轴上"0"的左边是"负数"（小于 0 的数）。如果计算 3-5，就会得到一个负数。只需要从数轴上数字 3 的位置开始，往左移动 5 个数字，就得到了 -2（负 2）。

-10 -9 -8 -7 -6 -5 -4 -3 -2 -1 0 1 2 3 4 5 6 7 8 9 10

数轴没有终点，一直延伸下去。你能想到的最大的数字总是可以再加上 1 使之变得更大。换句话说，数轴延伸到无穷远处，可以用"无穷大符号"（∞）表示。

数轴上两个相邻整数之间是"分数"，在下一页你可以了解更多关于分数的知识。

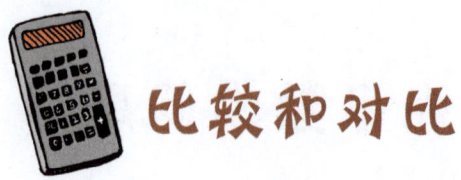

比较和对比

比例、分数、小数和百分数不止是在数学课上有用,当你外出购物时也会发现它们很有用,例如可以比较你最喜欢的玩具的价格。

分数和小数

如果把一个数分为几个更小的部分,那就是分数。分数也可以写成比值。例如:一年之中的天数是周数的 7 倍。你可以说一天是一周的七分之一,可以写为分数 1/7,或者也可以说周数和天数的比例是 1∶7。

小数就是把分数写成小数点后的数值。例如,如果用计算器计算 1/7(也就是 1 除以 7),它会给出一个小数形式,大约是 0.142 857 循环不断。"循环"意味着你可以将这组数一直写下去,即 0.142 857 142 857 142 857 142 857…或者,为了节约空间(和纸张),也可以在重复出现的数字部分上加上点或线,如 $0.\dot{1}42\,85\dot{7}$ 或 $0.\overline{142\,857}$。

一些小数短小简洁,比如表示一半的"0.5"。也有一些小数虽简洁但很长,比如表示三分之一的"$0.\dot{3}$"。当然,还有一些小数又长又"乱",比如"π"(3.141 592 65…)。π 的小数点后的数字没有循环规律。

黄金比例

比例是两个数之间的比。举个例子,你有 10 根手指,其中两根是大拇指，8根是其他手指，那么其他手指与大拇指的比例就是8比2，写作8∶2。一个经常出现的比例叫作"黄金比例"，其值约为8∶13。如果你画一个宽为8厘米、高为13厘米的长方形，那么就可以说这个长方形符合黄金比例，称为"黄金矩形"。黄金矩形总是可以分割成一个正方形和另一个黄金矩形。如右图所示，如果将这些正方形的对角顶点以曲线相连，则可以得到一条螺旋线。这条螺旋线在书籍、建筑、绘画和雕塑中经常出现，因为人们很喜欢这一曲线。

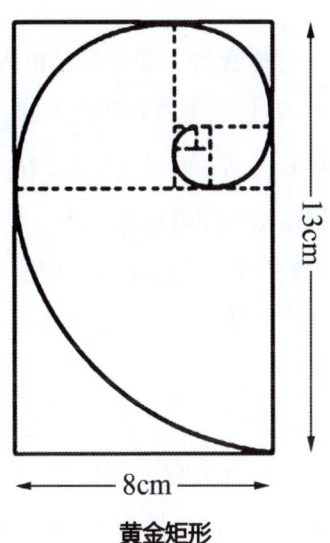

黄金矩形

圆周率

圆周率是你将要学到的最重要的比率之一。它是圆的周长与直径的比值，大约为22∶7，或者可以用希腊字母"π"来表示（读作"派"）。想要计算圆的面积，可以用公式 πr^2，其中 r 是圆的半径。

奇怪的数字

尽管数字和数学是由人类发明的,但数字也经常出现在自然界中。我们以奇数和偶数为例。几乎所有有腿的生物的足都是偶数,如2、4、6、8等。而另一方面,花朵的花瓣数却常常是奇数,5瓣尤其多(尽管谁也不知道这是为什么)。你能见到的所有物质都是由原子构成的,它们只有大约100种不同的类型,每种原子内部都有特定数量的质子。

三角数

在古希腊,空闲的男子非常喜欢谈论数字(奇怪的是,当时是不允许女性这么做的)。他们尤其喜欢根据数字的形状为其命名,其中他们最爱的就是"三角数"。

数字"10"就是一个三角数,因为它可以排列成一个三角形。

数　学

所以，只要一个数字可以被排列成三角形，那么它就是一个"三角数"。1、3、6、10、15、21、28 都是三角数。如果把以上序列中的每个数排列成三角形，那么每下一个数所对应的三角形底边，总是比上一个数所对应的三角形底边大 1。

平方数和立方数

对于现代人而言，平方数要更为实用。平方数是可以排列成正方形的数，比如"9"：

数字"9"对应的正方形，每边是 3 个点。所以，你可以说 9 是 3 的平方（$3^2 = 9$）；而 3 是 9 的平方根（$\sqrt{9}=3$）。不止如此，想象一下这些点都是黏黏的糖果，你用它们搭了一个立方体。如果这个糖果立方体的长、宽、高各是 3 颗糖果，那么它总共包含 27 颗糖果，所以 27 是 3 的"立方"（$3^3 = 27$）。你可以这样检验：$3 \times 3 \times 3 = 27$。

121

幂

3^3 里那个右上角小小的 "3" 就是 "幂"。当然,也可以有更高次的幂,如 3^6 或 "3 的 6 次幂"。想要用糖果搭出 6 次幂要复杂得多(实际上是不可能的),但将 6 个 3 相乘却很容易,即:$3^6 = 3 \times 3 \times 3 \times 3 \times 3 \times 3 = 729$。

对真正的大数感兴趣的人需要用到 10 的 n 次幂。太阳的质量大约是 2 000 000 000 000 000 000 000 000 000 000 千克,为了节省 "0" 的个数,可以写为:2×10^{30} 千克。10^{30} 等于 30 个 10 相乘,也就是 1 后面加上 30 个 "0"。这种表示大数的方法称为科学计数法。

数　学

精确测量

测量是数字使用在生活中最实用的例子之一。科学家们使用"国际单位制"来测量大多数物品。国际单位制是世界上每个人都可以使用的标准单位。例如，无论在中国、在格陵兰岛，还是在沙特阿拉伯，"1千克"所代表的质量是完全一样的。在法国巴黎的一间地下室里保存着一块"1千克"砝码，即国际千克原器，它曾是世界上所有千克的标

准。2018年11月，国际千克原器正式退役，改以普朗克常数作为新标准来重新定义"千克"。

长度的单位是米（m），面积的单位是平方米（m^2），体积的单位是立方米（m^3），质量的单位是千克（kg），时间的单位是秒（s）。

国际单位制最大的优点之一是大多数单位可大可小。不同大小的单位之间的换算只要简单地乘以或除以10、100、1000即可。例如，

123

1千克可以转换为克或者吨。1千克等于1000克，而1吨等于1000千克。

进行测量

如果你愿意，可以拿出一把卷尺测量你妈妈有多高。完成测量的难易程度取决于你妈妈的耐心，以及你想要测量得多精确。如果测量精确到分米（1分米等于10厘米），那么就很容易，也许她身高16分米。想要精确到厘米则要费力一些（她可能身高162厘米）。如果想要精确到毫米，那就非常有难度了。事实上，如果你试图比任何人都需要更精确地测量时就总是会这样。你会突然发现自己需要回答很多恼人的问题，比如"我是不是该量到她的头顶？""她脱了袜子吗？""她吸气的时候身高会发生变化吗？"以及"这会花上一整天的时间吗？"

关键是，测量的精确度取决于你所测量的对象以及测量的目的。比如测量一只跳蚤和测量一条鲸鱼肯定要用到不同的单位，对吧？

数　学

走进几何

几何是研究形状、线条和角度的数学分支。一些形状是二维的（平面的），比如圆形。另一些形状是三维的（立体的），比如球体。下面列出一些最基本的二维和三维形状以及它们的名称。

当然，几何形状不仅是数学家们感兴趣的。工程师和建筑师喜欢在设计中运用三角形，因为三角形是坚固稳定的形状。建筑工人用长方体（例如砖块）砌墙，因为长方体可以严丝合缝地叠在一起。甚至蜜蜂也会使用几何学。它们用六角形建造蜂窝，六角形使蜜蜂得以使用最少的蜂蜡就可以建造出非常坚固的蜂窝结构。

几何对于科学家们而言也非常重要。例如，不同晶体的原子有着不同的排列方式，从而决定了晶体各自特有的性质。以钻石的晶体结构为例，其中的原子构成相互交联的四面体结构，这使得钻石极为坚硬。石墨是由与钻石完全相同的碳原子组成的。然而，石墨（比如你的铅笔芯）中的原子排列是层状的交联六边形结构，因此，石墨成了最柔软的物质之一。

角

角的单位是角度，以符号"°"表示。角也是几何学的重要组成部分，一个完整的圆有360°。这要归功于生活在距今4000多年前的古巴比伦人。古巴比伦人喜欢60的倍数，这也是为什么我们今天将1小时分为60分钟，将1分钟分为60秒的原因。

直角在几何学中尤其重要。长方形或正方形有四个直角，直角三角形中也有一个直角。直角的角度正好是90°。小于90°的角称为锐角，大于90°的角称为钝角，大于180°的角称为优角。

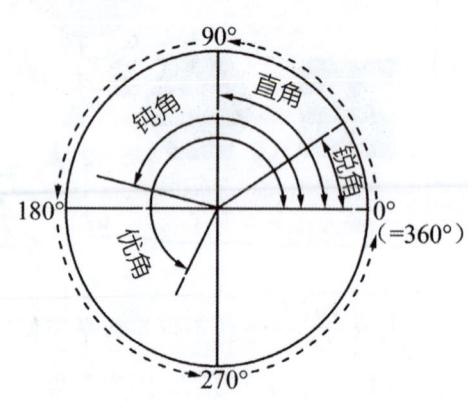

你知道吗

无论三角形的大小如何，其三个角的度数相加总是等于180°。

数　学

 # 神奇的代数

代数使用字母（通常是 x 和 y）来代替数字，但它比听起来有用得多。事实上，许多科学发现只能用代数来解释。

举个例子，如果你从悬崖上摔下来，你摔向地面（或者幸运地安全落入水中）的速度会由于地球引力的作用逐渐加快。在下降过程中，你只要用一丁点代数知识，就可以计算出自己在任意时刻的速度。

你可以用下降的时间乘以你的加速度（即速度增加的速率）来算出你的速度。用公式表达就是：$v = t \times a$（速度等于时间乘以加速度）。

在地球上，物体的加速度约为 10 米/秒^2。所以，要想计算出你在掉落后 2 秒的速度，只需要将这两个数字代入公式：t（时间）等于 2，也就是你从悬崖掉下的时间为 2 秒；a（加速度）等于 10。所以，此时你的速度 $v = 2 \times 10 = 20$ 米/秒。

毕达哥拉斯定理

这是一个相当漂亮的等式：$a^2 = b^2 + c^2$。它就是毕达哥拉斯定理。它告诉我们，在直角三角形中，最长边（斜边）的长度的平方等于两条较短边长度的平方和。

例如，在一个直角边分别为 3 厘米和 4 厘米的直角三角形中，斜边一定等于 5 厘米。原因如下：

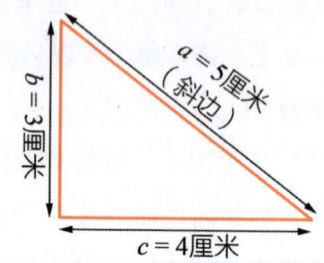

假设 b 边等于 3 厘米，c 边等于 4 厘米。如果对 b 进行平方，也就是 3^2。$3 \times 3 = 9$。同样，对 c 进行平方，也就是 4^2。$4 \times 4 = 16$。因此 $b^2 + c^2 = 9 + 16$，也就是 25。$5 \times 5 = 25$，因此 5 是 25 的平方根，也就是斜边的长。

毕达哥拉斯和他的追随者们非常喜欢三角形和数字，因此他们十分热衷于这一定理，直至他们注意到如果直角三角形的两条短边均为 2，那么斜边应为 $2^2 + 2^2$ 的平方根，也就是 8 的平方根，即 2.828427。糟糕的是，毕达哥拉斯学派只喜欢诸如 1、2、3 这样简单的数字，他们无法处理像 2.828427 这样的"无理数"。他们是如此沮丧，以至于为了保守这个秘密，甚至还处决了一位朋友，因为他"说得太多了"。

数　学

机会有多少

统计学是一门非常实用的科学,因为它能够帮助你预测未来。首先,你需要收集关于过去和(或)现在的数据(信息)。之后,你需要对数据进行研究(经常是通过绘制图表)。接着,你需要对此进行思考,并得出自己的预测。就这么简单。

假如你想去比利时度假,又不想被雨淋,那么你需要做的就是统计出过去12个月内每个月不下雨的天数,并画出下面的图表。这种图表称为柱状图或直方图。

结果出来了,最干燥的月份是7月。

不过,在预定假期之前,你还需要好好想想。如果你使用过去10年的数据(而不仅仅是过去12个月的)进行分析,那么预测的准确率将会进一步提高。想要完成这个分析，你还需要进行一些计算（非常简单）。下面是计算过程：

如果在过去 10 年中，1 月份不下雨天数分别是 12、15、17、17、14、16、16、11、12 和 16 天，那么把这些天数相加并除以 10，即可得到 1 月份不下雨天数的平均数，即 146 ÷ 10 = 14.6，四舍五入后约为 15 天。对每个月份进行同样操作，就可以知道 7 月是否仍然是最适合度假的月份了。不过，即便 7 月仍是不下雨天数最多的月份，你也不能完全保证 7 月不会下雨。这就引入了"概率"的概念。

概率

如果你知道某件事情发生的概率，那么就可以用一个数值来描述。有些事情是确定会发生的，比如星期天之后的一天一定是星期一，那么这件事的概率就是 1。有些事情是绝对不可能发生的，比如长生不老就不会发生，那么其概率为 0。而其他有可能发生、有可能不发生的事情，概率介于 0 和 1 之间。

如果你掷一枚硬币，那么硬币正面朝上的概率是 0.5，也可以说是 1/2 的概率（因为只有正面朝上和反面朝上两种可能性）。也可以说这是 50∶50 的概率，因为如果掷 100 次硬币，会有大约 50 个正面和 50 个反面。还有一种说法是 50% 的概率。

不太可能发生的事情概率很小——你的爸爸妈妈中全国彩票的概率是 0.000 000 07，也就是约 1400 万分之一。

数　学

数学大师

纵观历史，曾经有许多花大量时间思考数学的人，其中有的提出的一些非常有用的数学思想，直到今天仍无可替代。

毕达哥拉斯

毕达哥拉斯生活在久远的年代，人们对他知之甚少。由于毕达哥拉斯学派十分隐秘，且追随者们常将各自的发现归功于毕达哥拉斯，因此，如今人们甚至不能确定以他名字命名的数学定理是否真的是由他发现的。毕达哥拉斯学派认为所有事物，包括音乐、天文学和自然都可以用数字表示。

阿基米德

阿基米德解答了许多数学难题，比如填满整个宇宙需要用多少粒沙子、一个较为精确的 π 值，以及计算不同形状面积和体积的一系列公式。传说阿基米德在洗澡的时候还发现了一条定律，但这可能只是传说而已。不过，他曾在抵御罗马人入侵所在城邦的战争中制造武器，并在一次袭击中丧生。

莱昂纳多·斐波那契

斐波那契描述了一组特殊数列，其中每一个数都是其之前两项之和（1、1、2、3、5、8、13、21、34…），这就是现在所说的"斐波那契数列"。在一些自然现象中也可以见到这一数列，例如菠萝的螺旋结构、松果和向日葵籽的排列（向日葵的籽呈螺旋状生长，逆时针方向 21 颗、顺时针方向 34 颗）。斐波那契还促进了现代十进制的建立和印度—阿拉伯数字的引入。事实证明，这让数学变得更容易。

数　学

皮埃尔·费马

费马是当代概率学的奠基人之一,同时在几何学和数论方面也颇有建树。然而,费马最著名的可能还是在某书页的空白处所作的笔记。他写到自己解决了一个特别难的数学问题,但当时没有地方将答案记下。由于费马不曾写下答案,这个问题困扰了其他数学家长达3个世纪。最后,在一台超级计算机的帮助下,才由一位英国数学家和一位加拿大物理学家共同证明了费马大定理,并于1995年发表论文。

133

科 学 知 识

物理入门

物理学是研究宇宙规律的学科，尤其关注物质和能量。物质是指任何实体，包括固体、液体和气体。能量是很多现象的原因，例如：能量在电池里，能够令手电筒亮起；能量在炸弹里，能够造成巨大的爆破；能量也蕴含在你的早餐里，使你能够在早午餐之间保持旺盛的精力。

热

热是一种重要的能量形式，其本质是分子间的运动。分子间的运动越强烈，产生的热也越多。热传递有三种形式，我们用下图中的一锅汤进行介绍。

滚烫的汤不断冒泡，形成涡流和蒸汽，通过**对流**的方式传递热。

热通过**辐射**传递到你身上，因此即使没有直接接触火焰，你也能够感受到热。

热通过**传导**在金属间传递，所以锅是热的。

与此相反，寒冷就是指缺乏热。这意味着你无法"制造"出冷，只能将"热"转移到别的地方。例如，冰箱内部之所以是冷的，那是因为冰箱背面的散热管将热排到了外部。事实上，冰箱使得其所在房间的温度升高了。

运动定律

物理学使用特殊的术语来描述物体运动的方式,下面是其中一些术语及其含义。

速度 物体在特定时间段内经过的距离(单位:米/秒)

速率 物体在特定方向上的速度(单位:米/秒)

加速度 物体在特定时间段内速率增加的速度(单位:米/秒^2)

力 物体受到"推挤"的程度——想要物体运动的速度或方向发生变化,就需要"力"(单位:牛顿)

功 力作用在物体上,即对物体做功。如果你举起一个盒子,那么盒子越重、举得越高,你所做的功也越多(单位:焦耳)

功率 特定时间段内做功的量(单位:瓦特)

动能 物体由于运动而具有的能量(单位:焦耳)

伽利略和牛顿

大约在 400 年前,意大利人伽利略进行了许多关于物体运动的研究。他首先提出了通过实验进行研究的科学方法,而不是像古希腊人那样只是空谈他们所认为的事物规律。

英国人牛顿进一步发展了伽利略的理论,提出了"牛顿运动定律":

1. 除非对物体施加力,否则物体将保持静止或维持原有的匀速直线运动,且方向不变。

2. 如果一个力作用于一个物体,那么将改变物体的运动速率和

（或）方向。施加的力越大，其改变程度也越大。

3. 如果你对物体施加力，那么物体将对你产生同样大小的反作用力（这也是为什么如果你用力拍打一样东西，自己的手会疼的原因）。

起伏的波

波是十分重要的物理概念。从外层空间到地球中心，它们无处不在。下面是一些用来描述波的术语：

频率 每秒钟通过任意一点（例如图中两条虚线之间）的波峰数。频率的单位是赫兹。

波长 波上两个完全一致的点之间的距离。

波峰 波的最高点。

波谷 波的最低点。

振幅 波峰和波谷之间的高度差。

最常见的两种波是光波和声波。无论看东西还是听声音，都会遇到这两种波，但这两种波有很大不同。你看到的东西之所以呈现出不同的颜色，是因为光波的波长不同——在彩虹中，红色光频率低，紫色光频率高。你听到的声音之所以呈现不同音调，则是因为声波的频率不同——声波的频率越高，其音调也越尖锐。

在真空中，光的传播速度（即光速）为 3×10^8 米/秒，黄光的波长仅为 570 纳米。声波则不同。例如，钢琴中的中央 C 波长长得多，这一声波以约 340 米/秒的速度（音速）抵达你的耳朵。如果将钢琴置于水下，音调反而以更快的速度传播，约为 1500 米/秒。

科 学 知 识

 电 和 磁

电子是组成原子外层的微粒。电子不稳定，容易离开原子。此时，这些"自由电子"就形成了不同的电荷。如果这些电荷沿着电线移动，那么就形成了电流（有了电流才能使电灯亮起）。如果电荷在原地不动，那么就形成静电。你脱衣服时听到的噼啪声其实就是静电。如果在黑暗的房间里脱衣服，甚至可能看到闪光和火花呢。

顾名思义，"磁"是磁铁的特性。地球本身就是一块巨大的磁铁。事实上，每块磁铁都和地球一样有着南极和北极，称为磁极。磁极有着"同性相斥，异性相吸"的特点。即同种磁极之间相互排斥，不同磁极之间相互吸引。正因为这样，所以地球的北极会吸引指南针的红色指针，因为指南针本身也是一块磁铁，红色指针是它的南极。

电和磁是相互关联的——如果电线中存在电流，那么电线本身会带上轻微的磁性。类似的，如果在电线附近晃动磁铁，那么就会在电线中产生微弱的电流。磁铁周围的区域中存在着可被探知的磁场，带电物体周围存在可被探知的电场。如果把磁铁放在一张白纸下方，并在纸上撒上铁粉，你甚至可以通过铁粉的分布"看到"磁场。（当然，不用白纸也可以看到同样的结果，不过那样的话你可能需要花上一整天时间才能把吸在磁铁上的铁粉清理干净了。）

宇宙和时空

行星自转及绕太阳公转在现在看来虽然显而易见,但在过去人们曾一度以为是太阳在绕着地球转动。现在,我们已经知道太阳之所以从东方升起,从西方落下,是因为我们站在一个旋转的行星上进行观察。这个事实是人们观察了很多年以后才得出的,毕竟人们不可能跳到外太空去看一看。

地球既自转,又围绕太阳公转,而月球则围绕地球公转。这些运动决定了我们日、月和年的长度。不过,在离太阳远得多的海王星上,1年大约是地球上1年的165倍,这是因为海王星绕太阳公转一圈的时间要长得多。如果你生活在海王星上,那一辈子都过不了一次生日了。

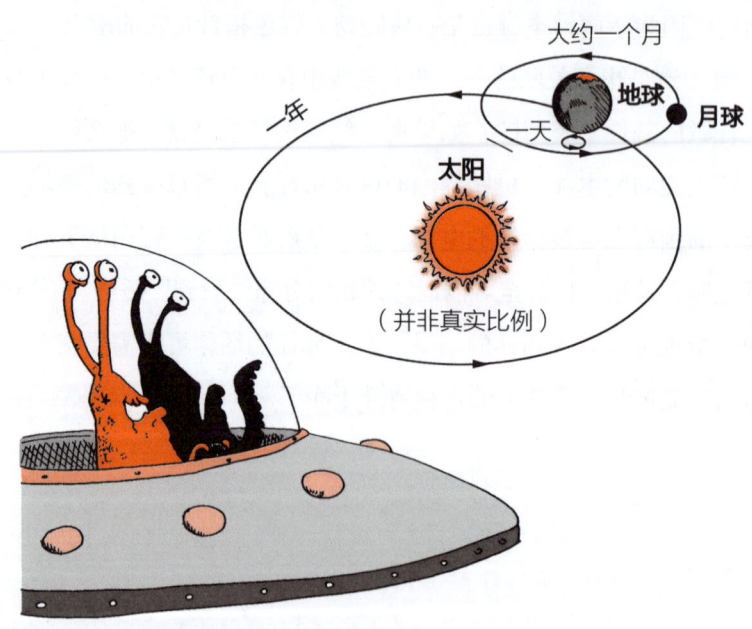

科 学 知 识

引力和黑洞

引力是苹果之所以掉到地上的原因，也是月球之所以围绕地球转动的原因。事实上，宇宙中所有的物体都对其他物体产生相互吸引（引力）。两个物体之间的距离越近、物体的质量越大，其相互之间的引力也就越强。

引力通常是一种较弱的力，想要两个物体间的引力大到可被观察，至少要有一个像地球这样的大物体参与其中。地球的形状几乎是一个球形，因为其引力把一切都拉向地球的中心。然而，地球的自转使其对赤道附近的物体有一个轻微的"外推"力，因此它有点像一个略微压扁的球，称为扁球体。

然而，有时引力确实是一种非常强大的力量。如果你力大无穷，能够将物质（任何物质都可以）挤压得足够小，那么所产生的引力将足以把光线都吞噬进去——这就创造出了所谓的黑洞。如果你离黑洞太近，就会被引力挤压成一条又长又细的线——想必这是个令人非常不快的体验。

你知道吗

阿尔伯特·爱因斯坦发现，强大的引力实际上减缓了时间的流动。这意味着如果你确实在黑洞附近潜伏了一段时间，那么你可能会发现你只活了一年，但回家时却已过去了一个世纪。

化学快餐

化学是研究元素及其相互作用的科学分支。宇宙中所有的物质，包括地球和地球上的所有物质，都是由 94 种天然元素组成的。（科学家们已经能够制造出一些人造元素，但其中有些不到 1 秒钟就会噗嗤一声消失了。）

原子和分子

氧气、氢气、水和你的身体都是由名为"原子"的微粒构成的。原子中有一个小而致密的区域，即"原子核"。原子核内通常含有质子和中子，每个质子带一个正电荷，而中子不带电荷。原子的大部分空间被带负电荷的电子占据。

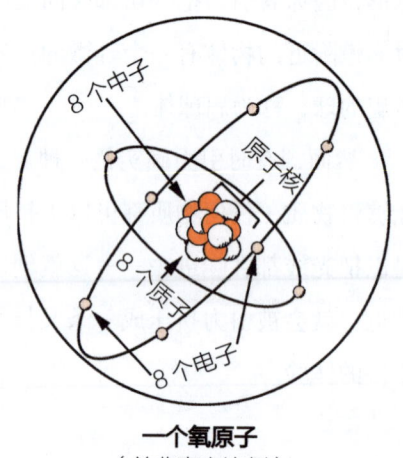

一个氧原子
（并非真实比例）

一般而言，原子聚集在一起形成"分子"。一个氧分子由两个氧原子组成。一个水分子由两个氢原子和一个氧原子组成。

物体形态

所有物质都可以分为固体、液体和气体（称为"态"或"相"）。

固体中的原子或分子紧密连接，因此固体很难分开。在液体中，它们可以相互移动，因此液体具有流动性。在气体中，它们可以彼此分离，因此气体可以膨胀，并填满所在的容器。

冰、水和水蒸气是同一种物体的三种形态。想要将水从一个"态"变为另一个"态"，只需要改变其温度即可。例如，你可以加热冰，使其融化，这样固态的冰就成了液态的水；同样，继续加热可以将水（液态）变为水蒸气（气态）。通常，冰的熔点是 0℃，水的沸点是 100℃。不过，当气压改变时，沸点会发生改变。例如，当你爬山时，爬得越高，地球的气压也就越低，因为此时压向地球表面的空气也变少了。这时，水的沸点也相应降低。

金属和非金属

宇宙中的大多数元素是金属，其余的几乎都是非金属。几乎所有的金属和非金属可以用以下方法分类：

性质	典型代表（金属）	典型代表（非金属）
	铁、汞、铅	氧、氯
是否导电？	当然可以	当然不能
是否导热？	导热性不错	导热性不佳
有光泽吗？	通常有金属光泽	通常没有光泽
如果用力挤压，会……	……延展性好	……延展性差

此外，也有一些元素既不属于金属，也不属于非金属。它们被称为准金属，如砷和硅。

趣味知识

以下是关于元素的一些有趣的小知识：

● 所有的生物都以"碳"为生命基础，但宇宙中最常见的元素是氢。

● 地球绝大部分由铁构成，空气绝大部分由氮气组成（空气中只有 21% 是氧气）。

● 只有汞和溴两种元素在常温常压下呈液态。

● 人们先发现了太阳上存在氦气，然后才在地球上找到了它。

● 地球上最昂贵的金属是锎（Cf），其价格大约是黄金的 100 万倍。

科 学 知 识

元素周期表

世界上的元素尽管很多,但其中只有少部分(如黄金)能以"单质"(同种元素组成的纯净物)的形式存在。科学家们花费了很多时间,才搞清楚每一种元素是什么。俄国科学家德米特里·门捷列夫首先发明了"元素周期表",见下图:

门捷列夫注意到,如果对已知的元素按照原子质量进行排序,那么会出现一定的规律。有着相似性质的元素靠得很近。不过,门捷列夫发现,这个表格中存在一些"空格",他认为一定存在填补这些空格的元素，只是人们尚未发现它们。门捷列夫预测出这些缺失元素的性质，并且当这些新元素被发现时，它们的性质果然与门捷列夫的推测十分接近。

元素的性质

元素周期表包含着每个元素所有重要的化学性质，我们以元素"钠"为例，仔细看一下元素周期表。

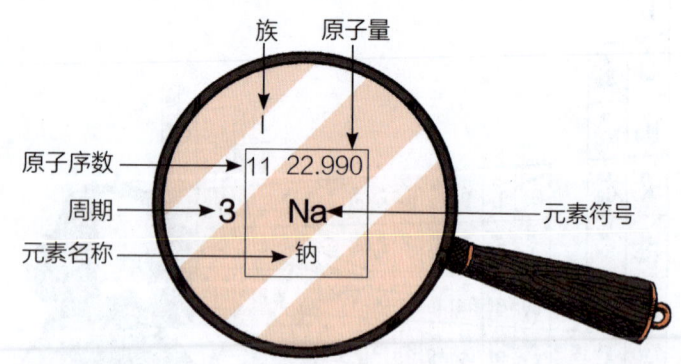

族 元素周期表中的每一列称为"族"，从左至右编号。同一族的元素拥有相似的化学性质。例如，第I族的元素多为金属元素，且化学性质十分活泼。举个例子，如果把钠投入水中，会打转并发出嘶嘶声。

周期 元素周期表中的每一行称为"周期"，从上至下编号。随着元素在周期表中的位置逐渐向下，其化学性质也逐渐发生变化。例如，锂的反应性弱于钠，钠的反应性弱于钾，以此类推。

元素符号 每个元素都有一个元素符号，通常是其英文名的第一个或前两个字母，但并不总是如此。钠（Sodium）的元素符号是"Na"。"Na"取自拉丁语中钠（natrium）的前两个字母。

原子序数 原子序数指该元素原子核中的质子数，它决定了元素在元素周期表中的位置。

原子量 原子量亦称"相对原子质量"，是指以一个碳-12原子质量的1/12作为标准，任何一种原子的平均原子质量和一个碳-12原子质量的1/12的比值。氢原子的原子量为1.0078。

元素的化学反应

构成原子外层的电子占据的区域叫壳层。每一壳层上都有特定数量的电子。例如，第一壳层更倾向于包含两个电子。如果像氢一样，只有一个电子，这个元素就会非常容易与其他元素结合。换而言之，它的化学性质十分活泼。

元素周期表中每个元素的外层电子数从左至右递增。第Ⅰ族的所有元素外层只有1个电子，因此它们的化学性质都很活泼。最后一族中的所有元素的壳层中的电子已饱和，因此它们的化学性质不活泼。

化 合 物

大多数元素在自然界中都不是以单质的形式存在的。它们往往与一个或多个其他元素结合在一起形成"化合物"。举个例子,你在食物上撒的盐是由一种叫钠的柔软金属和一种叫氯的有毒气体形成的化合物,科学家们称其为"氯化钠"。

由于元素经常可以组合成化合物,因此化合物的种类要远远多于元素种类。而且化合物有很多种不同的分类方法,一般可以分为下面几类。

酸 柠檬汁里的柠檬酸和醋里的醋酸都属于典型的酸。酸可以提供质子,并与碱结合形成盐。强酸甚至可以溶解金属。

碱 氨、碳酸钠和氢氧化钠都属于典型的碱。碱可以接受质子(例如接受酸提供的质子)。碱溶于水,形成碱溶液。

有机化合物 糖、维生素都属于典型的有机化合物。有机化合物含有碳。你的身体也是由有机化合物组成的。

矿物质 石英、方解石和钻石都属于典型的矿物质。矿物质是由化合物按照特定结构排列形成的固体。

岩石 岩石是矿物的混合物,分为三大类:由熔岩凝固形成的岩浆岩(如花岗岩)、由含水的矿物质干燥形成的沉积岩(如石灰岩)和当一种岩石转化成另一种岩石时形成的变质岩(如大理石)。

科学知识

化学物质

化学物质由某种分子或离子（失去了电子的原子）组成，通过"化学结构式"可以表现其分子结构的组成。举个例子，硫酸的化学式是 H_2SO_4，这就表示一个硫酸分子中有两个氢原子（H）、一个硫原子（S）和四个氧原子（O）。化学式也可以用图来表示，如右图所示。

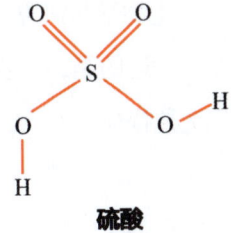

硫酸

氢和氧

两种元素如果只是简单地混合在一起，通常是不会自发地形成化合物的。例如，若你打开一瓶氢气，它会和周围的空气混合。但如果你划着一根火柴，那么产生的热量则会使瓶中的氢气与空气中的氧气结合形成水。

水是氢和氧的化合物，其化学式为 H_2O。这意味着每个水分子中含有两个氢原子和一个氧原子。然而，划着火柴也可能伴随着大爆炸。其结果就是你要么被训斥，要么死于爆炸。

149

生物学入门

生物学是研究"生物"的科学,但究竟什么才是有生命的"生物"呢?幸运的是,生物学家已经得出了答案,一个"生物"必须具有如下7种特征。

生命的7大特征

生物必须:1. **能够运动**。但不一定是从某个位置移动到另一个位置——如果你是一朵花,能够绽放花蕾也属于"运动"。2. **能够生长**。如果你是一头蓝鲸,那可以长得很大;但如果你是一个小细菌,那恐怕就未必了。3. **能够进食**或通过某种方式摄取养分。胡萝卜的生长需要阳光和水,你需要吃胡萝卜,而老虎可能需要吃你。这些都属于进食。4. **能够排泄**。进食后迟早要上厕所(如果你是胡萝卜的话,就需要排出废气)。5. **能够呼吸**,即吸入并排出气体。你吸入空气中的氧气并呼出二氧化碳,但植物却吸收二氧化碳并排出氧气。6. **能够繁殖**(即产生后代),有效避免物种灭绝。7. **能够反应**。如果你在被挠痒痒时尖叫(或在阳光充足的一侧长出更多叶片),就再次表明你是个活生生的人(或植物)。

科学知识

人体皮肤之下

纵观历史，许多人类文明不允许人们对尸体进行解剖，其中的原因不难理解。这使得人们在很久以后才对人体解剖有了基本认识。人体解剖揭示人体内部的结构和组成。不过，解剖学只是了解人体工作原理的基础，即使是现在，人体也还有许多未解之谜。

人体系统

如你所见，人体是一部复杂的机器。人体由不同系统组成，包括

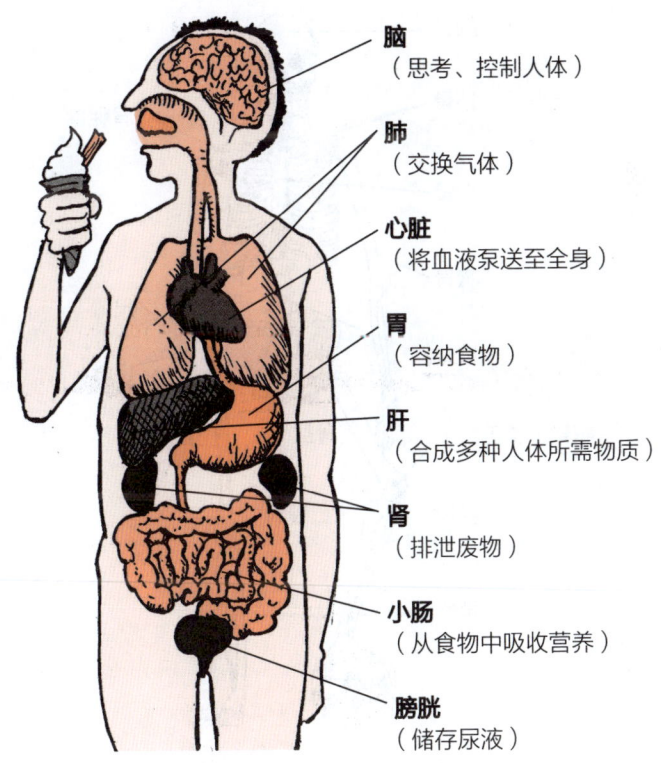

脑
（思考、控制人体）

肺
（交换气体）

心脏
（将血液泵送至全身）

胃
（容纳食物）

肝
（合成多种人体所需物质）

肾
（排泄废物）

小肠
（从食物中吸收营养）

膀胱
（储存尿液）

消化系统（负责进食）、呼吸系统（负责呼吸）、神经系统（负责控制和交流）和循环系统（负责血液循环）。

每个系统都由器官组成，器官则由"组织"组成，所有组织又由叫作细胞的微小单元构成。例如，循环系统中最大的器官是心脏，心脏又是由叫作肌肉的组织构成的。心脏是输送血液的"泵"，它使血液在你体内流动，为你提供维持生命所需的物质，并带走废物。

人体骨骼

你的骨骼赋予你身形，并允许你移动。如果没有骨骼，你将只是软软的一摊肉而已。骨骼也有助于保护你——比如你脆弱的大脑和眼

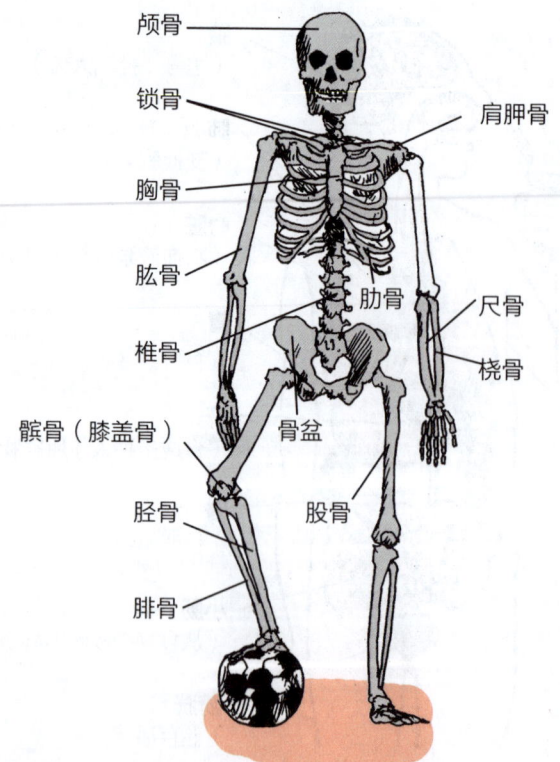

科学知识

球就被置于坚硬的颅骨中,被安全地保护起来。附着于骨骼上的肌肉将骨骼朝各方向拉伸,使你能够四处行走或提起重物。

人体的骨骼由200多块骨头组成,它们都含有一种叫作钙的物质。骨头之间的交接处称为关节,许多关节是活动的,这使得骨骼得以移动。你的手肘和膝盖处的关节类似于门的铰链,只允许朝一个方向运动,而大腿关节和肩关节则可朝任意方向运动。

人体最大的骨头是股骨,也就是大腿骨。人体最小的骨头是你耳朵里的听小骨。每只耳朵里有3块听小骨——每块只有米粒般大。

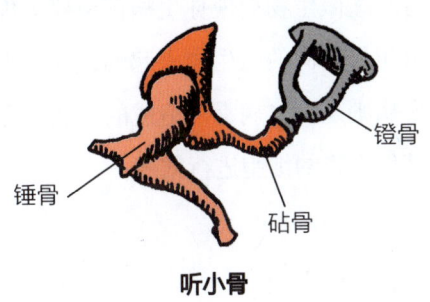

听小骨（锤骨、砧骨、镫骨）

你知道吗

并不是所有生物都有骨骼。有些生物虽然有骨骼,但却在身体外部,例如甲虫和蜗牛。

# 微 生 物

地球上有种类繁多的生物，其中绝大多数小得只能在显微镜下看见——这也是为什么我们管它们叫微生物的原因。绝大多数微生物对你是无害的，事实上此时此刻你身上就到处都是微生物呢。不过，也有一些微生物会使你生病甚至要了你的命。肺结核、霍乱等疾病就是由叫作细菌的微生物引起的，这些细菌是单细胞的。而感冒、流感等疾病则是由"病毒"造成的，病毒介于生命和非生命之间，只能通过其他生物的细胞进行繁殖。

碳循环

无论是你还是微生物，都处于碳循环中。这一体系使碳不断发生转移，从而使我们的地球生机勃勃。下图是碳循环的说明：

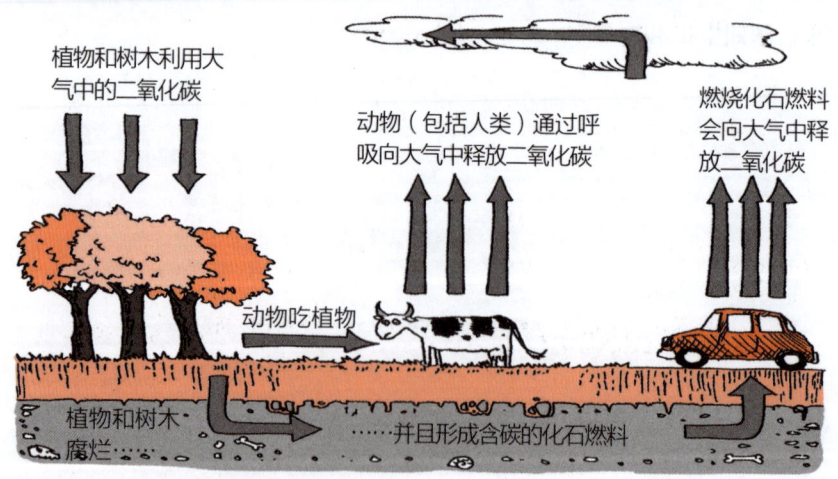

科 学 知 识

你从哪里来

从灼热的沙漠到冰冷的山脉，地球上有很多不同类型的栖息地。但是所有的生物都很好地适应于其周围的环境，这是为什么呢？这是由于一个叫作"进化"的过程。

你知道吗

地球上有许多生命在奔跑、飞翔和爬行，这一切开始于约37亿年前。当时，海洋中的一些简单的化学物质获得了自我复制的能力。经过数百万年，这些化学物质变得更为复杂，并与其他物质发生了融合，最终形成了具有单个细胞形式的微小生物。随着时间的推移，这些生物进化出了不同的特征，以帮助它们适应各自的栖息地。地球上进化出了如此多不同的生物，以至于现在有超过100万种"物种"（生物种类），并且科学家们相信还有更多物种尚未被发现。

适者生存

有时候，生物会天生和其亲代略有不同。如果这种差异有助于它们生存，它们就能够繁殖，并可能将这种差异传递给后代。例如，在沙地中出生了一群小蜥蜴，其中那些身体颜色更接近沙子的，被其他动物看到和吃掉的可能性就更低。它们得以存活、繁殖，最后这类蜥蜴的颜色就会进化成和沙子一样。

I Wish I Knew That : Cool Stuff You Need to Know
By
Steve Martin, Mike Goldsmith, Marianne Taylor
Copyright © 2016 by Buster Books
an imprint of Michael O'Mara Books Limited
Chinese Simplified Character Copyright © 2019 by
Shanghai Scientific & Technological Education Publishing House
Published by agreement with Michael O'Mara Books Limited
ALL RIGHTS RESERVED
上海科技教育出版社业经 Michael O'Mara Books Limited 授权
取得本书中文简体字版版权

图书在版编目(CIP)数据

学问满当当：包罗万象的酷知识/(英)史蒂夫·马丁,(英)迈克·戈德史密斯,(英)玛丽安娜·泰勒著；张珍真译. —上海：上海科技教育出版社,2019.8

(厉害坏了的科学)

书名原文：I Wish I Knew That —— Cool Stuff You Need to Know

ISBN 978-7-5428-6993-7

Ⅰ.①学… Ⅱ.①史… ②迈… ③玛… ④张… Ⅲ.①科学知识—青少年读物 Ⅳ.①Z228.2

中国版本图书馆CIP数据核字(2019)第131801号

责任编辑　吴　昀
装帧设计　杨　静

厉害坏了的科学

学问满当当——包罗万象的酷知识

［英］史蒂夫·马丁（Steve Martin） 著
［英］迈克·戈德史密斯（Mike Goldsmith） 著
［英］玛丽安娜·泰勒（Marianne Taylor） 著
［英］安德鲁·平德（Andrew Pinder） 图
张珍真　译

出版发行	上海科技教育出版社有限公司
	（上海市柳州路218号　邮政编码200235）
网　址	www.sste.com　www.ewen.co
经　销	各地新华书店
印　刷	常熟市文化印刷有限公司
开　本	720×1000 mm　1/16
印　张	10.75
版　次	2019年8月第1版
印　次	2019年8月第1次印刷
书　号	ISBN 978-7-5428-6993-7/G·4040
图　字	09-2018-401号
定　价	45.00元